LLORA DESPUÉS

¡Actúa ahora!

Yolanda Salazar Ramírez

Yolanda Salazar Ramírez

Copyright ©2022 Yolanda Salazar Ramírez
ISBN: 9798878643771
Todos los derechos reservados.

DEDICATORIA

A mi madre Eloísa Ramírez Silva, quien se preocupó porque yo aprendiera a leer y a escribir, ya que ella no tuvo esa oportunidad.

A mi hija Eloísa, con todo mi amor y agradecimiento por haberme inscrito a mi primer taller de cuento y motivarme con tanto cariño para continuar en otros talleres más.

A mi hijo Eduardo, con todo mi amor por su apoyo en mi elección como presidenta del Seccional 3834, en las elecciones como Coordinadora del Comité vecinal metro, antes seccional 3834 y en la difusión de este libro.

A mi hijo Efrén, por su apoyo con la tecnología en celular y computadora, con todo mi amor.

A mis nietas Kemi y Etienette por toda la felicidad que me regalan, las amo.

A Eduardo Báez Sifuentes, mi marido, por su apoyo en todo lo que he emprendido estando a su lado.

A mi hermano Toño (1952-2022), que desde niña me cuidó, me defendió y es parte importante en este libro, ya está con Dios, que descanse en paz.

A mi hermana María Elena, seguido estiraba su gasto para apoyarme con préstamos y me recibía el pago a cuentagotas, con todo mi agradecimiento, te quiero hermana.

A mi hermana Mary Cruz, por su apoyo moral y muchas veces económico, te quiero hermana.

Enlaces de contacto:

Yolanda Salazar Ramírez

https://www.facebook.com/yolanda.salazarramirez.1

yolandasalazarramirez1@gmail.com

https://twitter.com/JacintoTeodosia

ÍNDICE

DEDICATORIA

PRÓLOGO

PRESENTACIÓN

CAPÍTULOS

1. La peor manera de empezar
2. Su inocencia no conoce la maldad
3. La visita de Toño
4. En busca de un futuro mejor
5. ¡Cuánta felicidad!
6. Empezó la pesadilla
7. Todas las soluciones son devastadoras
8. Primer acercamiento al Partido Revolucionario Institucional
9. El primer desalojo y el aviso de los dos que siguen
10. No me resigno a perder mi casa
11. El valor de la lealtad
12. Así fue el registro que hizo Otilio
13. Acciones que tomé en caso de desalojo
14. Mi primer intento en el negocio de bienes raíces
15. Después de cinco años, el "milagro" sucedió

AGRADECIMIENTOS

PRÓLOGO

Este libro nació por el gusto de compartir con ustedes, queridos lectores, las experiencias que vivimos mi familia y yo, al perder nuestra casa y al tratar de recuperarla. El proceso de recuperación fue muy difícil, lleno de angustia, sobresalto y mucho sufrimiento, pero siempre confiamos en la justicia, y, sobre todo, en nuestros derechos.

Tengo por lema, que lo que es mío lo defenderé, porque me costó. Desafortunadamente, existen personas que abusan de otras que no contaron con la suerte, como yo, de encontrar a las autoridades indicadas que me ayudaron a recuperar la casa, o ya no se quieren defender por no perder tiempo y dinero, o no les interesa y permiten que les arrebaten fácilmente sus propiedades.

PRESENTACIÓN

Estoy llorando en la puerta principal del Tribunal Superior de Justicia, me pongo un anillo que hace años compré en abonos por doscientos pesos en el año1988, es lo más costoso que tengo, intenté cambiarlo por veinte pesos en esa tortería, tengo hambre, pero necesito el dinero para presentarme a la audiencia; los buitres ya están esperando para quitarnos nuestra pequeña casa, aún sin terminar, para mi familia y para mí, es todo nuestro patrimonio.

Respiro profundo, me limpio las lágrimas y subo las escaleras, esquivo las siluetas que pasan a mi lado, unas suben, otras bajan, algunas vienen hacia mí, escucho entre murmullos más tras de mí; mis ojos humedecen mis mejillas por más que los limpio, me regaño ¡con llorar no voy a resolver nada!, voy a llegar con los ojos rojos y cabizbaja a enfrentarme con quienes ya tienen planeado pasar la Navidad frente a mi chimenea. Al recordar el gesto de burla, soberbia y avaricia del abogado que ya siente suya mi casa, sale un sollozo que pone fin a mi llanto. Entro al elevador decidida, me limpio los ojos, levanto la mirada y salgo en el quinto piso, me dirijo al escritorio de la secretaria de acuerdos del juzgado contiguo, al que debo presentarme.

Ya frente a la licenciada Irene Isabel Licona Vargas, ella levanta la mirada y me señala el juzgado cuarto civil, me apresura para que me presente pues la audiencia está por empezar. Controlo mis emociones… no pude conseguir los veinte pesos, le dije con la voz lo más segura que me fue posible, ella se puso de pie, y del cajón de un archivero sacó su bolso de mano, hurgó con desesperación, localizando su cartera y me extendió un billete, ya no pierda el tiempo; tomé el billete y entré a la audiencia.

LLORA DESPUÉS

¡ACTÚA AHORA!

CAPÍTULO I

LA PEOR MANERA DE EMPEZAR

Soy Yolanda, me casé con Eduardo Báez Sifuentes en noviembre de 1977, los dos con veinticuatro años. Le agradezco a mi mamá los cuartitos que nos prestó, ubicados en la colonia Impulsora, Nezahualcóyotl, Estado de México; eran húmedos e incómodos, pero no había más.

Aquí nacieron, dolorosamente, mi hija y mi hijo, en un ambiente insalubre y peligroso, por vivir en un negocio de compraventa de desperdicios. En los cuatro años que habitamos en ese lugar, entre mi marido y yo, tramitamos y pagamos las escrituras, contratamos e instalamos todos los servicios, el bardado del terreno y la compra e instalación de un zaguán de fierro. Tal vez pagar renta nos hubiera salido más barato, nadie nos obligó a hacer todos esos gastos, solamente hicimos nuestro gran esfuerzo por corresponder al favor recibido.

Mi hijo, desde que nació, duró sus dos primeros años de vida con reflujo. Mi leche, el pezón, el chupón, cualquier intento para alimentarlo le provocaba náuseas y vómito, permanecía internado una o dos semanas de cada mes, le ponían un cuarto de litro de mi sangre, y por otra sonda vitaminas y medicamento; nos endeudamos con mi madre, mi hermano Toño y mi hermana María Elena. Tuvieron paciencia con el pago que les fuimos haciendo a cuentagotas. Mi hermana Mari Cruz y su marido José Elías se solidarizaron con nosotros, con sus visitas y sus palabras de aliento. Se deshicieron de su televisor para regalárnoslo.

Mi madre vendió el terreno y nos tuvimos que salir.

CAPITULO 2

SU INOCENCIA NO CONOCE LA MALDAD

Nos mudamos a una casa en obra negra sin puertas ni ventanas, piso gris y paredes desnudas, ubicada en San José Aculco, Delegación Iztapalapa, Distrito Federal (hoy Ciudad de México), prestada por Graciela, una de las hermanas de Eduardo. En ese tiempo ella, su marido e hijas vivían en Fray Servando Teresa de Mier en una vecindad de renta congelada, en el centro de la ciudad de México, por lo que a ella casi no la veíamos. Estábamos rodeados por las otras tres hermanas de Eduardo. Camelia y Amelia ya estaban casadas igual que Graciela; Blanca vivía con su papá. Sus casas tenían salida por la calle, pero las tres preferían usar de paso el lugar que nos prestó Graciela para vivir.

Amelia nunca trabajó ni estudió, no hacía nada de provecho; robar lo que encontraba en los cajones o en cualquier lugar de la casa era su costumbre, hasta la comida que les dejaba a mis hijos cuando me iba a trabajar se la llevaba para comérsela ella, su hijo y su marido.

Se reunía con Camelia y Blanca para planear lo que el ocio les permitía, por ejemplo, adornaron un pollo rostizado con frutas y verduras, pasaron bajándolo a la altura de los ojos de mis hijos, ellos lo tomaron como una invitación a comer y empezaron a seguirlas.

A los dos o tres pasos que dieron yo los alcancé, los tomé por las manos para regresarlos conmigo, pero me dijeron, emocionados, *Ven mamá nos van a dar*, ellas soltaron estruendosa carcajada, aceleraron el paso y se metieron a la casa de Camelia cerrando la puerta.

Expliqué a mis hijos que ese pollo era de ellas, *ya compraremos uno después*. En sus caritas se notó la tristeza y, en mi corazón, el dolor y la impotencia por no poderles dar algo más que no fuera sopa de pasta o frijoles; mis hijos aún tomados de mis manos voltearon a ver por dónde desaparecieron sus tías.

Es imposible vivir en ese medio donde a la gente no le interesa prepararse, trabajar, educarse conocer de respeto o empatía hacia los demás, nacen y crecen sin ningún valor moral, educación ni sentimiento de culpa ¡cuánto lastiman y dañan! La inocencia de mis hijos no entendía de maldad, burlas ni humillaciones, son niños de apenas cuatro y cinco años.

CAPITULO 3

LA VISITA DE TOÑO

Nos visitó mi hermano Toño. En su cara se reflejó la tristeza al ver las condiciones en las que vivía con mi familia.

Si esto fuera tuyo, seguro le pondrías puertas y ventanas ¿verdad? En ese momento pasaron las tres riéndose escandalosamente, nos incomodaron, pero mi hermano continuó:

—No me gusta cómo están viviendo aquí, ¿qué te parece si se van ahí frente a la bodega y me cuidan dos cuartitos que tengo en un terreno que está enfrente de la bodega donde estás trabajando? (él tenía dos bodegas), les puedo conseguir un terrenito ahí cerca, ya irán haciendo su casita; coméntaselo a Eduardo, platíquenlo y me avisan, ahí estarán mejor.

A los pocos días, cuando llegué de trabajar, mi niño tenía los ojos llorosos. Me comentó mi niña, que su tía le había pegado, sentí ganas de irme contra Camelia a golpes.

El ofrecimiento de mi hermano estaba en pie y en cuanto llegó Eduardo (quien nunca se ha atrevido a hacer ningún reclamo a sus hermanas), le dije:

—Nos vamos a conocer los cuartos de mi hermano.

Llegamos a la delegación Tlalpan en la noche, la calle lucía oscura, con un arroyo de agua en medio, proveniente de los lavaderos, en partes brillaba con la tenue luz de la luna y de algunos focos que dejaban escapar su amarillenta iluminación desde adentro de las humildes casas; además había piedras, lodo y algo de basura.

Al día siguiente, llegando al trabajo, le pedí a Toño que nos hiciera el favor de prestarnos los cuartos que nos ofreció, pues era urgente salirnos de la casa de Graciela.

Toño mandó una camioneta chica para hacer la mudanza de nuestras contadas pertenencias. No cupieron dos tambos con libros y cuadernos de enfermería y secretariado que tanto quería y conservé desde que estudié. Los seis meses que vivimos ahí estuvieron seguros, pero cuando regresé con bolsas para llevármelos poco a poco, Amelia los había vendido como papel viejo.

En el terremoto del año 1985, el marido de Graciela, y su cuñado sacaron de entre los escombros de una fábrica, derribada por el sismo, rollos y rollos de telas que hasta donde vi llenaron dos departamentos muy altos del edificio de Fray Servando Teresa de Mier, donde pagaban renta congelada; continuaron con la construcción de esa casa que nos había prestado Graciela y ahí mismo, en corto tiempo, edificaron y equiparon una empresa de productos de electrónica de Condumex, que antes distribuía Guillermo, como vendedor, el marido de Graciela (quien ahora se hace llamar ingeniero), y los vende como empresario.

Yo, desesperada por conseguir lo más que se pudiera de dinero, empecé a vender unos productos de la marca Omitrition, anunciados en la televisión en ese tiempo; para recuperar la salud de mil enfermedades, entre ellas, la obesidad. Visitaba a cuanta gente podía con un muestrario, por lo regular con cajas y sobres vacíos; al conseguir el pedido, la mayoría de las veces me daban el cincuenta por ciento del costo del producto y, cuando lo entregaba, me terminaban de pagar y tomaba mi ganancia.

Llegué a la lujosa empresa de Graciela y de su marido Guillermo a ofrecer los productos, tenían un empleado obeso, y Graciela me pidió que le llevara dos tratamientos completos para asegurar que le hicieran efecto y evitar el rebote: malteadas, tés, cajas de galletas y sobres para preparar una bebida que debía tomar como agua de tiempo.

El total de este pedido sumó tres mil ochocientos pesos, cada tratamiento, ella no me quiso dar absolutamente nada de adelanto, asegurándome que cuando le entregara el pedido completo me pagaría el total; me fui pensando a quién pedirle prestado para surtir dicho pedido y, una vez más, acudí a mi madre, mi hermana Elena y mi hermano Toño.

El día que le entregué el pedido a Graciela, ella se lo dio a su empleado, quien salió de la oficina con los productos en las manos, Graciela se ocupó en el teléfono ignorando mi presencia, me sentí muy incómoda ahí frente a su escritorio parada esperando a que me pagara, ella parecía no verme hasta que le dije que me tenía que ir, que por favor me pagara. Retirando el teléfono de su oreja y tapó la bocina con la mano, me dijo que fuera con don Memo, su trabajador, que él me iba a pagar. El trabajador me mandó de regreso con Graciela, pues ella le había comentado que era un regalo que le hacía, regresé con Graciela y burlándose igual que sus hermanas, de manera altanera contestó *¡ya déjaselo!, ya ves que yo nunca te cobré renta*, retomó la conversación por teléfono. Así fue como me cobró la renta de esos cuartos con piso gris, paredes desnudas, sin puertas ni ventanas.

CAPITULO 4

EN BUSCA DE UN FUTURO MEJOR

Ya en la colonia Miguel Hidalgo, delegación Tlalpan, Distrito Federal, bajamos la mudanza a los dos cuartitos de tabiques muy desgastados, pegados con lodo. Un cuarto estaba muy hundido, tenía escalones y techo de cemento, el otro, techado con láminas de cartón. El patio era un gran charco. Algunos vecinos se asomaban de sus casas y muchos se pararon a un lado de la camioneta, para ellos era un espectáculo por ser yo la hermana de "don Toño", casi todos trabajaban para él.

Teníamos kínder, primaria y secundaria en la esquina de la calle. Inscribí a mis hijos, dejé de trabajar con mi hermano y comencé a vender alimentos en el cuartito con techo de láminas de cartón; lo más importante eran mis hijos y ganar algo de dinero. Toño nos consiguió un terreno en la colonia Mesa de Los Hornos, muy conflictiva y peligrosa. Descartamos llevar allí a mis hijos. Entre Los Hornos se iban formando veredas con jacales, en un terreno chiquito vivían hasta cuatro familias, y por todos lados había basura y muchos perros callejeros.

Eduardo, apoyado por Toño, utilizó el terreno para comprar y vender desperdicios y nos empezó a ir bien, tuvo una buena racha de ganancias, más lo que yo obtenía en la venta de comida, todo esto, sumado a lo que ahorraba en las tandas que organizaba, nos alcanzaba para darle a él, el enganche del terreno. Mi hermano platicó con el dueño Otilio González, ellos tenían un plazo para hacer el contrato y el pago. Toño le pidió a Otilio que el trato lo hiciera directamente con nosotros, el señor Otilio siempre lo complacía con su sonrisa que ponía al descubierto sus anchos, chuecos y amarillentos dientes, y aceptó, ¡hasta nos dio facilidades de pago! Sin pensarlo hicimos el contrato.

Corrían rumores de que Otilio no era el dueño de los terrenos que había vendido y nosotros ya estábamos terminando de pagarle. La necesidad de tener una vivienda propia cerraba nuestros oídos a los rumores; meses después le dimos el último pago. Por fin hicimos planes para echar los cimientos. Fui al Registro Público de la Propiedad a conseguir copia certificada del registro del terreno a nombre del señor Otilio González y, efectivamente, estaba a su nombre; me tranquilizó que los rumores quedaran solamente en eso, en rumores.

CAPITULO 5

¡CUÁNTA FELICIDAD!

Las zanjas para los cimientos ya estaban listas. Vivíamos en el cuartito de los escalones hundidos entre montones de tierra y piedras. Era una situación incómoda, pero bien compensada cuando llegó el momento grandioso en que pusieron la primera piedra de nuestra casa. Eduardo, mis hijos y yo, nos fundimos en un abrazo y lloramos en silencio.

Estábamos felices. Hicimos un pequeño cuarto de loza, a esa habitación le pusimos dos ventanas y una puerta nuevas, antes de eso todo lo que hacíamos para nosotros había sido recuperado del fierro viejo. Para hacer esta habitación, ocupamos mucha varilla recuperada del terremoto del año 1985, que compramos en las bodegas de Toño y de Eduardo. Al poco tiempo la ampliamos a lo ancho del terreno, le pusimos piso de cemento blanco que años después cambiamos por loseta, quedó muy bonita, aplanada y pintada. Siempre había querido tener una chimenea; Eduardo dibujó varias, hubo una que nos gustó a los dos. Mi marido le explicó al albañil cómo hacerla, y quedó preciosa. Después dibujó las recámaras, no cabíamos de felicidad.

CAPÍTULO 6

EMPEZÓ LA PESADILLA

En el año de 1988, recién había nacido nuestro tercer hijo. Ahora, con él, ya teníamos una niña y dos niños. Un sábado por la tarde, estando en la sala, amamantaba al bebé y me quedaba de frente la ventana por donde se apreciaba el patio y nuestro improvisado zaguán, cuando empezaron a pasar muchos carros que al parecer se iban formando hasta ocupar todo el frente de la casa, de donde bajaron sus ocupantes. Se acercaron. Un hombre alto, de traje, con un portafolio colgando de su mano, acompañado de tres señoras, tocaron fuertemente la puerta; dejé de alimentar a mi niño y salí con él en brazos, el hombre se presentó como el abogado de la sucesión del dueño de todos los terrenos que aquí estaba vendiendo Otilio, me explicó que iban a desalojar a Otilio González, poniendo a mi vista la orden de desalojo al momento que me dijo:

—Si le firma un documento a la señora viuda del profesor, dueño de los terrenos, nos comprometemos con ustedes a escriturarles. En un año quedará la venta formalizada, Otilio no es el dueño, los defraudó. Si no firman, hoy los podemos desalojar, ya traemos a la gente —señaló los coches llenos de hombres malencarados, me presentó a la señora viuda del dueño.

Mis hijos estaban asustados mirándome fijamente, los tranquilicé. *No sucede nada, los señores vienen a platicar con nosotros*; invité a pasar a esas personas, se sentaron en la sala y me explicaron el porqué del desalojo a Otilio; mi hija se dirigió a la estancia que hacía la función de cocina dividida de la sala con una cortina de tela; llevó una jarra con agua y les sirvió; mi hijo tomó el frutero y les ofreció: había plátanos y naranjas.

La actitud de estas personas se volvió amigable y me felicitaron por tenerlos bien educados; ellos se sentaron a mi lado y el recién nacido permaneció en mis brazos, platiqué con el licenciado y las señoras que lo acompañaban, les mostré el recibo del pago hecho a Otilio, la señora dijo:

—Nunca los perjudicaría porque ustedes compraron de buena fe, yo les voy a firmar el documento para que estén tranquilos, ese documento va a ser su escritura, felicidades.

—Licenciado, el contrato de compraventa está a nombre de Eduardo, él que firme.

Mi hijo al escuchar esto, fue a la bodega de su tío y regresó corriendo:

—Mamá ya llegó mi papá, está con mi tío Toño.

—Dile que venga, que lo están esperando aquí unas personas.

No tardaron en entrar padre e hijo. Eduardo se sorprendió al verlos y a la gente que estaba en los carros.

—¿Qué pasa?

Yo, tranquila por todo lo que acababan de prometer:

—No pasa nada, únicamente quieren que les firmes un documento para que ellos, dentro de un año, nos vendan y firmen las escrituras.

—¿Y tú, ya leíste ese documento?

—No, pero no hay problema, fírmaselos.

Él, confiado en que yo se lo pedí, firmó. El abogado le dio la copia más ilegible que tenía, era un original como con siete duplicados. Eduardo exigió una legible, y él, muy nervioso, se la cambió. En ese momento salieron los cuatro corriendo, se subieron a un coche que ya estaba en marcha, alcanzamos a ver cómo se alejó el automóvil, regresamos a la sala; sobre el sillón estaba el portafolios del licenciado, quien sorpresivamente entró, lo tomó y salió como un delincuente, huyendo. Eduardo al revisar la hoja, leyó en voz alta: "Contrato de Arrendamiento".

Enmudecimos por un momento; de propietarios pasamos a inquilinos. Eduardo salió corriendo a ver si lograba alcanzarlos, eso fue imposible. Guardamos silencio por mucho rato, estábamos viviendo una pesadilla, ¿ahora qué seguía? ¿Para dónde ir?, mis hijos ya tenían su lugar en la escuela primaria y en el Centro Deportivo Villa Olímpica inscritos en el plan familiar; mi hija, en gimnasia olímpica y mi hijo en karate do, los dos con horarios establecidos, cuando teníamos tiempo todos, íbamos algunos domingos al deportivo a nadar y a correr en la pista de tartán. En cinco años de vivir en el rumbo, estábamos organizando nuestras vidas, ellos se encontraban felices en este lugar, aparte los tenía inscritos en un curso de periodismo, con una camarita desechable que los dos usaban para tomar fotos. No estaba dispuesta a retroceder, no quería un futuro incierto para mis hijos.

DIOS MÍO…

¡Te pido con toda mi fe y la fuerza de mi corazón,

que me indiques e ilumines el camino que debo seguir!

¡Pon a las personas que tú sabes que me van a ayudar!

Yo voy a trabajar incansablemente.

El licenciado y las tres mujeres, que siempre lo acompañaban, entraban a nuestra casa de manera arbitraria e intimidatoria, se metían y hacían comentarios de cómo pasarían la Navidad ahí, repasaban la lista de las otras siete que iban a desalojar y cómo se las iban a repartir entre ellos, el licenciado siempre decía:

—Esta es la mía.

CAPÍTULO 7

TODAS LAS SOLUCIONES SON DEVASTADORAS

El poco dinero que teníamos lo ocupamos en la compra del terreno y lo que alcanzamos a construir; ahora teníamos que pagar la asesoría legal. Todos los abogados coincidían en que debíamos dejar la casa antes de que nos desalojaran de forma violenta, algunos se atrevieron a decir que era como querer revivir a un muerto, si pensábamos en recuperar nuestra casa, que ya estaba perdida y no había nada qué hacer. Esto lo repetían una y otra vez cada uno de los abogados a los que acudimos, nos decían que el juicio de arrendamiento ya estaba perdido desde el momento en que se firmó ese contrato, y nuestra posesión era únicamente como inquilinos que, a partir de la fecha de la firma, era de un año.

Un día, tocó a mi puerta una señora alta, morena, de cabello largo y negro. Cuando salí, ella se presentó como Marina Medel Ruiz, presidenta del seccional 3835, me comentó que se enteró de lo que nos estaba pasando a las ocho familias que vivimos en esta cerrada y me invitó a participar como candidata para la presidencia del seccional 3834, que hasta el momento estaba vacante. Me parecía fuera de lugar perder mi tiempo en algo que no consideraba como solución a mi problema; de inmediato le contesté:

—No puedo, gracias, nunca he andado en la política y no sabría cómo hacerlo, además, con el problema que tú ya conoces, he estado buscando algún abogado que nos asesore y ayude a recuperar la casa, a los que hemos consultado nos han sacado mucho dinero, ya le debemos a mi familia y ahora lo que me urge es conseguir un trabajo porque no me hago a la idea de perder la casa, lo que ganamos mi marido y yo no alcanza para seguir pagando abogados, aunque no sé si llegue a encontrar alguno que realmente nos ayude.

—¿Qué te han dicho los abogados a los que has acudido?

—Que ya está perdida la casa, que sería como querer revivir a un muerto si creemos que la podríamos recuperar, que ya dejemos de soñar y nos dediquemos a buscar algún otro lugar para ir a vivir, porque ellos saben que *ni un milagro* puede salvarnos; han llegado a decirle a mi marido que es un pendejo porque ya regaló el patrimonio de su familia y dejó a sus hijos en la calle, que ya no pierda el tiempo ni gaste el dinero que va a necesitar para pagar renta en otro lugar, además de pagar la de esta casa, que fue suya, el abogado al que le firmó el contrato de arrendamiento va a promover para cobrar rentas caídas como inquilinos. Como podrás ver, el panorama es negro.

—Qué te parece si mañana me acompañas a las oficinas del PRI, ten la seguridad de que te van a apoyar, la ayuda va a ser más comprometida por el partido hacia ti como presidenta de tu seccional, la otra ventaja es que no vas a pagar con dinero, sino con trabajo comunitario, vas a tener todo el apoyo de las autoridades y del gobierno para meter el drenaje y pavimentar tu calle y otras a las que les hacen falta servicios; ayudarás a dar solución a los problemas y necesidades a lo largo del seccional 3834, piénsalo es tu mejor opción, bueno, la única que tienes por el momento. Te aconsejo que te acerques al partido. ¿Quién mejor que ellos que están en el poder para ayudarte?, mañana paso por ti.

Me convenció y decidí acompañarla, pues por el momento todo estaba perdido.

—Está bien, te espero mañana. Marina se despidió con una sonrisa, un apretón de mano y un beso en mi mejilla.

CAPÍTULO 8

PRIMER ACERCAMIENTO AL PARTIDO REVOLUCIONARIO INSTITUCIONAL.

Al día siguiente llegó Marina, nos dirigimos al deportivo "La Joya", dentro de la misma delegación de Tlalpan, era donde el partido tenía sus oficinas, esperamos a que el abogado se instalara en su escritorio, Marina me tomó del brazo y juntas nos acercamos, me presentó como la candidata a la presidencia del seccional 3834, le dijo: *por nuestro partido*. Enseguida le comentó mi problema y pidió de favor que me atendiera; yo, con la ilusión de escuchar palabras de aliento, le expuse mi caso. Antes de que terminara de hablar me hizo una señal con la palma de su mano para poner alto a mi explicación.

—Los juicios de arrendamiento siempre se pierden y terminan desalojando al inquilino, lo mejor que puede hacer es buscar algo en renta o irse a vivir con algún familiar.

Marina notó mi malestar, otra vez me tomó del brazo y se despidió del licenciado. Estábamos en la calle, yo tratando de aguantar el llanto y ella apretando mi brazo, compartiéndome su fuerza.

—Este jovencito es un pasante de derecho, pero no te preocupes, vamos a buscar al presidente del partido, nada más que se encuentra en el PRI Nacional, en Insurgentes Norte, sólo él sabe cómo te pueden ayudar.

Al día siguiente nos recibió un hombre muy elegante, sobre todo muy atento. Marina me presentó una vez más como la candidata a la presidencia del Seccional 3834.

—Lic, le pido por favor que ayude a Yolanda, está perdiendo su casa; le interesa trabajar para el partido representando a sus vecinos, por favor ayúdele, yo voy a estar al pendiente de ella, apoyándola con el trabajo mientras se familiariza con los vecinos, los trámites que necesita hacer y las personas que van a formar parte de su planilla; estoy segura de que es la candidata ideal para ocupar ese cargo, es el único seccional que no tiene comité, tengo la seguridad de que va a ganar. El licenciado se dirigió a mí, para tranquilizarme:

—No se preocupe, todo tiene solución, menos la muerte, yo también estoy seguro de que usted va a ganar las elecciones, cuente con todo el apoyo del partido y no se desanime.

A partir de ese momento, estuve en permanente comunicación con Marina para reunir los requisitos y a los seis vecinos con los que formé el comité.

Más de una vez Marina me prestó sus zapatos para asistir a las reuniones, yo contaba con la ropa que traía puesta, una muda más y un par de zapatos muy desgastados.

CAPÍTULO 9

EL PRIMER DESALOJO Y EL AVISO DE LOS DOS QUE SIGUEN

Desde el momento en que nos amenazaron de desalojo, pusimos la cama a un lado de la ventana, a cualquier ruido de carro o gritos que se escuchaban, sentíamos que había llegado el temido momento. Estábamos viviendo en un sobresalto constante, hasta que un día...

Eran aproximadamente las 7:00 a.m., se escucharon motores de carros, a través de la ventana vimos cómo empezaron a llegar muchos coches y a bajar todos sus ocupantes, se apreciaba que eran más coches que la vez anterior y se multiplicaban los hombres, ocupaban toda la calle, vimos la multitud que pasaba, se detuvieron frente al zaguán de Otilio golpeándolo fuertemente, al no recibir respuesta, los golpes se convirtieron en ruidos de herramientas metálicas que utilizaron para derribar la puerta y demoler la casa.

La casa de Otilio estaba pegada a la nuestra, había gritos, llanto, mucho ruido y cosas que lanzaban al suelo; no salimos de nuestra casa, no podíamos ayudar a Otilio, preferimos permanecer adentro con las puertas cerradas tranquilizando a nuestros hijos, aunque temerosos de que sacando a Otilio siguiéramos nosotros, se percibía el olor a tierra de la demolición que duró mucho rato, se hizo eterno el desalojo. A través de la nube de polvo, por la ventana vimos cómo pasaban los vecinos y volteaban para nuestra casa, caminaban para un lado y para el otro, siguió todo ese alboroto, después de unas horas se calmó.

Escuchamos algunas voces que se acercaban a nuestra puerta y empezaron a tocar fuertemente, yo sentí mucho miedo, todos estábamos asustados. Les dijimos a nuestros hijos: *"no salgan, quédense aquí adentro"* salimos Eduardo y yo esperando lo peor.

El abogado y las tres mujeres lucían felices, tanta felicidad que rayaba en burla y triunfo, una de ellas nos encaró:

—¿Se dan cuenta? ya desalojamos al primero y los siguientes son Martín y ustedes, mejor sálganse antes de que les pase lo que a Otilio. ¡De la casa, nada quedó, con esto les demostramos quién tiene el poder!

Se subieron en el último carro que estaba en la calle y se alejaron, nosotros quitamos el catre y el pedazo de reja que servían como zaguán y salimos; el espectáculo que se ofrecía era devastador, unas cosas de Otilio se encontraban regadas, otras entre cascajo y tierra, su casa se convirtió en un montón de escombro con varillas retorcidas. Eusebia, esposa de Otilio, pálida, llorando desesperada, estrujaba sus manos una contra la otra. De la bodega de Toño salieron llorando los hijos pequeños de Otilio y Eusebia; fueron a refugiarse ahí dentro mientras demolían su casa. Todos los vecinos estábamos consternados, me hubiera gustado ayudar a Otilio y a su familia, sentí un remolino de odio e impotencia dentro de mí, odio hacia la sucesión y al abogado que después de haber desalojado a toda la familia y demolido su casa, lo celebraron con amenazas hacia nosotros, no podía hacer nada por mí, menos por mis vecinos. Tengo en mente lo que me dijo Marina:

—Si ganas las elecciones podrás ayudar a tus vecinos.

Ganar las elecciones era un hecho, fui la única candidata.

Una tormenta inundó el cuartito que estaba sumido, y perdimos la mayor parte de la poca ropa que teníamos, y una salita usada que conseguimos en la bodega. Eusebia, la esposa de Otilio, me ayudó a lavar lo que se pudo rescatar de ropa y cobijas, casi nada. Ellos siempre fueron buenos vecinos, sus hijos eran

amigos de los míos, al más pequeño lo cargaban uno y otro de ellos, él se distraía viéndolos jugar.

CAPÍTULO 10

NO ME RESIGNO A PERDER MI CASA

En aquel momento no hice ningún cambio en las actividades de mis hijos, siguieron asistiendo a sus clases al Deportivo Villa Olímpica y, por supuesto, a la escuela primaria. Confié en que todo se solucionaría y ellos continuarían encontrando mejores oportunidades, estaba tratando de mantenerlos al margen del problema de la casa.

Madres y padres de los alumnos de karate y de gimnasia, nos sentábamos en las escaleras a ver la clase y a esperarlos a que salieran. Un día se acercó a nosotros una señora llamada Fresia Aranda para invitarnos a formar parte del fideicomiso del deportivo, ninguno quisimos participar. Ella se alejó un poco del grupo y me pidió que fuera un momento, me levanté de las escaleras y la seguí, una vez frente a ella, me dijo:

—Haga lo posible por participar en este fideicomiso que se está formando, no le quitaremos mucho tiempo. Si hay alguna reunión será aquí en el deportivo en el horario en que estén sus hijos en clase.

—Cuente conmigo —respondí—, en ese caso sí puedo acudir a algunas reuniones.

Unos días después, la licenciada Fresia Aranda me invitó a la Subdirección de Desarrollo Social para que nos reuniéramos todos los del fideicomiso y nos conociera la subdirectora de Desarrollo Social, licenciada Luz Viviana del Ángel Mendoza.

Estábamos padres de familia de diferentes academias, éramos seis o siete los que formábamos parte del fideicomiso. Después de presentarse la licenciada y agradecer nuestra presencia y buena disposición para formar parte el mismo, nos comentó el problema. Empezó por decirnos que ella acababa de llegar a esta nueva administración y encontró muchas irregularidades en el departamento de Archivo, que es donde se maneja todo el dinero.

—No sé cuántos usuarios hay entre familiares e individuales, ni cuánto dinero entra, cada vez se llena la oficina más y más de documentación nueva que les piden a los usuarios, nunca encuentran los expedientes, no saben el estado de cuenta de nadie. Tengo un chingo de rateros, he metido hasta a diez personas, y terminan revolviendo más el Archivo. Estoy buscando la solución para dar la mejor atención a los usuarios en el deportivo, me solicitaron que forme un fideicomiso con los usuarios, y sobre todo que les interese el buen manejo de este. Considero que ustedes pueden apoyarme de alguna forma. Por favor sugiéranme una solución para poner fin a este problema.

Todos los integrantes del fideicomiso, menos yo, le ofrecieron presentarle a su abogado o llevarle a su contador para que platicaran con ella a ver qué solución le daban a este problema; se empezaron a despedir y salieron uno a uno. Me quedé al último y le dije a la licenciada Del Ángel:

—Fui jefa del Archivo en el Hospital Oftalmológico de Nuestra Señora de la Luz a los 16 años, le ofrezco poner al corriente el departamento.

Me invitó a que fuéramos a la oficina para que yo viera de lo que estábamos hablando, el lobby del deportivo estaba rodeado por la caja de cobro compartida con el departamento de Archivo, el cine Villa Olímpica, el gimnasio de karate, el de gimnasia olímpica y la Sala Internacional. El deportivo fue construido para las Olimpiadas de 1968.

El Archivo estaba completamente lleno de cajas y más cajas llenas de expedientes y montones de estos, otros amarrados con mecates; no se podía caminar.

—¿Está dispuesta a echarse ese gran paquete de trabajo?

—Sí.

—¿En cuánto tiempo tendría todo en orden?

—En cuatro meses.

Regresamos a su oficina, me anotó los documentos que le debía llevar al día siguiente por la mañana: acta de nacimiento, comprobante de domicilio y credencial para votar. Me molesté porque yo le estaba ofreciendo mi ayuda desinteresada y con estos documentos yo intuí que eran para investigarme. Recordé que ella nos comentó que tenía un *chingo de rateros*, que no sabía quién le estaba robando, entonces entendí que era natural que se asegurara para poder meterme al lugar donde se manejaba el dinero del Centro Deportivo Villa Olímpica, perteneciente a la delegación.

Al día siguiente, llevé la documentación que me solicitó, la revisó y le pidió a su secretaria que sacara copias. Me mandó a entregarlas al deportivo La Joya, en la oficina de recursos humanos, sin saber el motivo por el que me los pidió. No me llamó en las próximas dos semanas.

A los quince días, llegó una trabajadora de Villa Olímpica, para avisarme que la licenciada Del Ángel me estaba esperando, que por favor fuera inmediatamente, una vez más, me incomodó este trato, porque si no tuvo la atención en quince días para decirme qué pasaba, ahora me pedía que me presentara inmediatamente. Ya me había comprometido de palabra con ella a ayudarle y me presenté; al entrar a su oficina me invitó a tomar asiento, se me quedó mirando y en su cara se dibujó una sonrisa al decirme: *"bienvenida a Villa Olímpica"*. Me extendió un papel del tamaño de un billete en color blanco; "este es su primer recibo de pago, vaya a cobrarlo, está usted contratada como personal eventual".

—No licenciada, no tiene por qué pagarme, no he trabajado, no he hecho nada; además yo le ofrecí mi ayuda desinteresada.

—No ha trabajado, pero va a trabajar y no sabe el paquete que se echó encima, así es que, si va a hacer un trabajo para la delegación, que la delegación le pague, aunque sea poquito porque no va usted a hacer ese trabajo gratis, de ninguna manera.

Tomé el recibo y no podía creer lo que me estaba pasando: ofrecí mi ayuda y la ayuda fue para mí, sentí una alegría indescriptible; fue un gran apoyo económico para mi familia. Mi horario era de 8:00 de la mañana a 2:00 de la tarde, de lunes a viernes, cuando terminaba mi turno iba a la casa por mis hijos, les daba de comer y me los llevaba al deportivo, ellos entraban a clase y yo, de manera voluntaria, continuaba el trabajo en el archivo hasta las 9:00 p.m., que salían de clase. Esta forma de apoyo solidario también la otorgaba los sábados.

Los demás trabajadores me decían que no fuera tonta, que ese trabajo y mi tiempo no me lo iban a pagar, que no los regalara. Los usuarios me recomendaban que no me pegara tanto a los expedientes, que ellos ya habían nadado, jugado, corrido y yo, ahí, acabando con mi vista. Esto era todos los días y a cada rato. Le pedí a la licenciada que por favor mandara tapar todos los vidrios del ventanal, para evitar distracciones, por eso no acepté que me mandara ayudantes, así no tendría que dar explicaciones e indicaciones; sola avanzaba más.

También solicité que suspendiera los cobros a usuarios, yo le avisaría en cuanto estuvieran listados, recibos, kardex y los expedientes depurados y archivados, todo en orden para empezar a cobrar sin contratiempos. Mi jefe inmediato, "Ram", llegaba en las mañanas a saludar y, por las tardes, a despedirse.

Llevaba una buena cantidad de expedientes revisados, mis dedos se llenaron de pellejitos alrededor de las uñas, me dolían; comencé a ponerles crema y a sobarlos, mientras descansaba un rato mis brazos, cuello, espalda y ojos, y organizaba mis ideas de lo que seguía, había expedientes por todos lados: en cajas, cajones y montones amarrados.

Por inercia, abrí un cajón y saqué un expediente que decía: Tribunal Superior de Justicia. Dejé de sobarme los dedos y empecé a leer ávidamente: "Lic. Irene Isabel Licona Vargas, ocupación: secretaria de Acuerdos del juzgado quinto de paz en el Tribunal Superior de Justicia". Aparté ese expediente en un lugar donde siempre estuviera a mi vista, continué trabajando. Ahora no era momento para descansar, tenía que conocer a la licenciada Licona.

Cada expediente estaba multiplicado hasta por seis o más. En sobres tamaño carta metí las fotos y las actas originales de nacimiento, en folders, por familia e individuales; dejé un solo expediente por cada uno de ellos, según el plan de inscripción, así fue como hice la depuración de expedientes. El plazo que fijé para poner al día el archivo fue de cuatro meses, me sentí satisfecha de haber terminado diez días antes de tres meses. Fui a la oficina de la licenciada Del Ángel y, con el gusto que recibí mi primer pago, le dije:

—Licenciada, a la hora que usted guste ya puede abrir las inscripciones y empezar a cobrar, está todo en orden, muchas gracias por su confianza. ¿Quiere checarlo?

—Es usted una chingona, terminó antes del plazo que me dijo. ¡Ni madres, Yoli!, usted se queda a trabajar, vamos al archivo.

Con las listas en sus manos, me pidió algunos expedientes al azar, le fui entregando cada expediente con su kardex y recibos que saqué de las diferentes gavetas; me sentí feliz porque aparte de que quedó bien organizado el archivo, yo iba a seguir esperando que llegara la licenciada Licona y tendría la oportunidad de conocerla y con algo de suerte ella me ayudaría a salvar mi casa.

Mi jefe inmediato, Ram, regresó y empezó a hacer los cobros, las filas para inscripciones y pagos atrasados medían más de medio kilómetro, yo vi como Ram, en el transcurso del día, se guarda billetes en las bolsas del saco, pantalón, camisa, y hasta en los calcetines; me dijo que lo único que iba a hacer yo era el corte de caja con los recibos, pasar los pagos al kardex y archivar los expedientes que él iba desocupando. Cada día que pasaba me preocupé más porque él seguía robando, yo sabía que tarde o temprano se iba a descubrir el delito y yo no quería estar ahí.

Le pedí a la licenciada Del Ángel que lo mandara dos meses a descansar, ella, sin preguntar el motivo, me dijo:

—Cuente con eso, Yoli.

En ese tiempo yo seguí cobrando y entregando el dinero y recibos al administrador Martín Franco, él me firmaba el corte de caja, fue cuando descubrí cómo era que Ram estaba robando el dinero del deportivo.

En una reunión que tuvimos en la sala de cabildos en el edificio delegacional, la licenciada Del Ángel, como autoridad delegacional, me felicitó por mi buen trabajo comunitario. En ese tiempo yo ya había ganado la presidencia del seccional 3834. Le pedí una cita porque quería hablar con ella:

—¿Sobre qué, Yoli?

—Sobre la caja, licenciada —respondí.

—Está bien, yo le llamo.

Días después, me mandó hablar con su secretaria, ya frente a ella:

—Licenciada, agradezco la confianza que me tuvo para manejar el dinero. Le aviso que es el último día que trabajo en el deportivo porque no estoy acostumbrada a robar ni a solapar a quien lo hace.

Le demostré de qué forma estaba haciendo Ram el fraude, ella se enfureció, se puso de pie, pateó el bote de basura y dijo:

—¡Vale madre!, no puede confiar uno en nadie. ¡Ni madres!, usted no se va, el que se va es él, le voy a mandar a dar una calentadita.

—Licenciada, yo no quiero verme involucrada en ningún problema, ni quiero ser amenazada por él.

—No se preocupe, Yoli, él no vuelve a poner un pie aquí en el deportivo, a partir de hoy.

Me dio la combinación de la caja fuerte, ahora el administrador, señor Martín Franco y yo, la estábamos manejando, así como el Archivo; él no estaba muy conforme, porque la persona de su confianza era Ram, a partir de ese momento, el señor Franco me dijo que él se encargaría de hacer el corte de caja. Seguido hacía movimientos raros en la caja fuerte, revolvía los billetes o los cambiaba de lugar. Un día empezó a reclamarme el faltante de dos mil pesos, y me exigió que yo los repusiera; así estuvo durante dos semanas, a lo que yo contestaba que si faltaban era porque él seguramente los había tomado y que era mejor que los regresara.

Él estaba seguro de que me iba a intimidar, casi a las tres semanas entró y me dijo que como no quería regresar el dinero, tenía que reportarme con la licenciada, que fuéramos con ella. La licenciada ya nos esperaba en su oficina y el señor Franco le dijo:

—Licenciada, a Yola le faltaron dos mil pesos desde hace quince días y no quiere regresarlos; la licenciada exigió:

—Ese dinero tiene que aparecer.

Yo la interrumpí:

—Sí, tiene que aparecer, le sugiero que llame a contraloría y que hagan una auditoría y caiga quien caiga. Yo de aquí no me muevo hasta que aparezca el dinero y enseguida de que aparezca, renuncio.

La licenciada hizo una llamada para que nos recibiera el delegado, tomó algunas libretas de su escritorio y, casi obligándonos a seguirla, nos dijo:

—¡Vámonos!

Al pasar por donde estaba su secretaria, esta le pidió que firmara unos documentos urgentes. El señor Franco, de piel blanca, se puso colorado y se notaba nervioso, miró hacia el cielo y se alejó unos pasos, empezó a caminar rápidamente en dirección al pasillo que va a la administración, la licenciada terminó de firmar y cuando volteó para que nos fuéramos, apareció el señor Franco con los recibos y el dinero:

—Licenciada, Yola es inocente, perdone a este viejo, es que olvidé que guardé el dinero para comprar el cloro para la alberca.

Yo le dije a la licenciada:

—Bueno, el dinero ya apareció, muchas gracias por el trabajo y por su confianza.

—No, Yoli, no me deje con este *chingo de rateros*, quédese.

A partir de ese día, por órdenes de ella, hacíamos corte de caja todos los días, firmando ambos. Siempre conté con todo su apoyo; en las vacaciones escolares permitía que mis hijos estuvieran conmigo, los dos más grandecitos preferían quedarse en la casa cuando no tenían clase en el deportivo, el pequeño ya tenía tres años. Cuando se amontonaba la gente a pagar, mis compañeros que revisaban las credenciales para darles acceso al deportivo a los usuarios, me ayudaban a cuidar a mi pequeño hijo.

Es tan buena persona la licenciada Del Ángel, que hace honor a su apellido, casi estoy segura de que ella le encargó a todo el personal que me ayudaran a cuidar a mi hijo, porque hasta el señor Franco me lo llevaba de la mano, y me dijo que cuando se me terminaran los blocks de recibos, lo mandara —a mi hijo—, por ellos… el block apenas le cabía debajo del bracito.

Ya estando al corriente los pagos, se me ocurrió retomar la venta de productos para bajar de peso y para deportistas. En las estaciones del metro había unas tiendas que vendían cháchara y media por catálogo. Compré un catálogo y empecé a ofrecerles a trabajadores y usuarios, había algunos trabajadores que no me querían porque me llevaba muy bien con la licenciada. Seguido se acercaban a decirme que estaba prohibida la venta dentro del deportivo, mis ventas eran por catálogo y no tan jugosas como ellos creían.

Un día una de ellas empezó a reclamarme, la ignoré y seguí trabajando. Por un rato ya no la escuché, regresó tronando sus dedos y me dijo:

—Ahora sí se te apareció, dice la licenciada que vayas y que te lleves tus mentados catálogos porque aquí no debes estar vendiendo ¡nada!

Tomé los catálogos y fui con la licenciada, me señaló la silla y me senté. Extendió la mano, a lo que yo respondí entregando mis catálogos.

—Discúlpeme por no pedirle permiso para vender.

—Pinche, Yoli —me dio una hoja y una pluma—, anótele, me va a traer…

Me empezó a dictar el producto y el precio, nunca me habían hecho un pedido tan grande.

—Hágame la cuenta.

Anoté su pedido y le extendí la cuenta.

Al recibir el dinero lo conté y vi que me pagó el total.

—Deme la mitad, licenciada, la otra mitad me la paga cuando le traiga el pedido.

—Mueva el dinero, Yoli. Tómese su tiempo, no me urge —al siguiente día surtí el pedido y se lo entregué.

Desde el momento en que di vuelta al largo pasillo, vi algunas cabezas que se asomaban, ya estando cerca de ellas, la chismosa, recargada con su codo en un mueble y con las piernas cruzadas me preguntó, con burla:

—¿Cómo te fue?

Le enseñé la lista del pedido y el dinero:

—Te lo agradezco, me fue muy bien.

Su cara se trasformó y acercándose a la puerta de la caja, me gritó:

—¡Muerta de hambre!, a ver si ahora sí te puedes comprar al menos otro cambio de ropa, porque siempre andas con la misma, o al menos le pones las tapas a tus zapatos.

Esas personas que acostumbran a hacer *bullying* se caracterizan por la carcajada con la que cierran la boca, después de haber lanzado su veneno. En ningún momento volteé a mirarla y seguí trabajando.

Un día en quincena, saliendo de cobrar, me interceptó la secretaria de una funcionaria de alto cargo, me dijo que su jefa quería hablar conmigo y que la acompañara. Llegamos a la oficina y al entrar, la funcionaria le dijo a su secretaria que se saliera y cerrara la puerta, no se anduvo con rodeos.

—Necesito que me ayude a cortarle la cabeza a Viviana Del Ángel, cualquier cosa que la pueda incriminar, algo raro que ella haga o que usted le sepa o algo que ande mal en el deportivo, dígamelo. En cuanto usted me traiga algo, le voy a dar un cheque y usted le pone la cantidad que quiera; además le otorgo plazas para su marido y sus hijos o para quien usted desee. Aproveche esta oportunidad, eso es todo.

Lo único que acerté a decirle fue "con permiso", y salí. Cuando me vi afuera del edificio donde estaba ella, sentí el aire fresco y en ese momento me dije: *"yo nunca estuve aquí"*. Por la noche, cuando llegó mi marido, le platiqué y él me preguntó qué le había contestado. ¡*Nada!*

—¿Qué piensas hacer?

—Hacer de cuenta que nunca estuve ahí.

Aparte de conservar mi trabajo en el deportivo Villa Olímpica, me interesaba conocer a la abogada Licona.

Un viernes llegó un señor alto, con lentes y de carácter muy alegre, me dijo:

—Señorita, hemos andado de vacaciones, pero hoy estamos aquí para ponernos al corriente en nuestros pagos.

Yo todos los días veía las fotografías de la familia de la abogada Licona, él se parecía al esposo de ella.

—Claro que sí, ¿se va a poner al corriente?

—Sí, pero necesito que busque mi expediente, a ver si ahora si lo encuentra, porque cada que vengo lo tienen perdido, para que me diga cuánto debo.

Tomé el expediente y le dije "debe tantos meses", él tenía la cartera en su mano, se quedó inmóvil mirándome fijamente y me dijo:

—¿Cómo, por qué sabe usted quién es mi familia? No le he dicho los apellidos.

—Debo ofrecerle una disculpa.

—¿Pero por qué, señorita?

—Resulta que yo tengo separado el expediente de ustedes porque al estar revisando vi que su esposa es abogada.

—¿Tiene usted algún problema?

—Pues sí, nada más que ustedes vienen a divertirse y no es justo que los incomode, me da pena molestarlos.

—No señorita, no tenga pena, ¿qué pasa?

—Estoy perdiendo mi casa.

—Mañana sábado le traigo a mi esposa, pero usted debe traer el pago que hizo de su terreno y si tiene recibos del material de construcción, tráigalos, mi esposa no asesora juicios injustos.

—Sí, estoy de acuerdo, muchas gracias; ahora le voy a dar un regalo a usted y a su familia.

—De qué se trata, señorita.

—Pues ni más ni menos de un folder lleno de todas las actas de nacimiento originales que les han pedido y un sobre repleto de fotografías de toda su familia.

Él soltó tremenda carcajada y dijo:

—Les va a dar mucho gusto, qué bueno que ya pusieron esto en orden porque era todo un desastre, felicidades.

El sábado me mandó la licenciada del Ángel al consultorio del deportivo con la doctora Arciniega, para cotejar las dos listas de usuarios: individual y familiar; en la ventanilla de la caja puse un letrero que decía: *"me encuentro trabajando en el consultorio"*.

Por la tarde, entró al consultorio una mujer blanca, en chanclas, con traje de baño y gorra para nadar; su voz era muy segura.

—¿La señora Yolanda Salazar?

—Sí, a sus órdenes.

—Soy la abogada Licona. ¿Tiene usted tiempo para que platiquemos?

De inmediato, dijo la doctora:

—Vete Yola, yo termino esto.

—Gracias, doctora.

Salí junto con la abogada, nos sentamos en una banca al frente de la alberca y le expuse el problema, mostrándole los documentos. Los minutos que hablé con ella fueron como un baño refrescante que arrastró todo mi sufrimiento, dolor, miedo y malestar, y ella me los quitó con estas palabras:

—De hoy en adelante ese problema es mío, porque yo soy la abogada. Si toda la gente supiera de leyes y cómo defenderse, no existiríamos los abogados. Dígame, señora Yolanda, ¿cómo está usted con su marido, emocionalmente?

—Abogada, he experimentado mucho coraje hacia él, porque pudo haberse negado a firmar ese documento. Además, todos los licenciados también le dicen que él fue quien regaló el patrimonio de mis hijos. Aunque estoy consciente de que fui yo quien lo animó a firmar y eso me tiene muy mal.

—Mañana, domingo, los espero en la iglesia de La Fama, afortunadamente ustedes y nosotros somos vecinos, yo vivo en la unidad habitacional Fuentes Brotantes. Nos vemos a las 9:00 a.m., vamos a pedirle a Dios que recuperen lo que han perdido en su matrimonio, y que a mí me ayude para saber cómo ayudarlos. Por lo pronto, lo que se me ocurre es decirle al proyectista de mi juzgado que vaya haciendo lo más largo que se pueda el proceso de ese juicio que está en su contra, para que, si hay que desocupar su casa, tengan tiempo de conseguir otro lugar para vivir. Me dice usted que participa en la representación vecinal y le han ofrecido apoyo, entonces no se aleje de ahí, participe con las autoridades y con el partido, yo la voy a apoyar en lo que se pueda, por lo pronto nos vemos mañana en la iglesia. Ciao.

Mi marido no es muy dado a asistir a la iglesia, solamente en compromisos como bautizos, bodas y ese tipo de eventos religiosos es donde acude, de otra forma nunca va.

Cuando llegó la abogada y los presenté, nos tomó del brazo y señaló una banca, nos sentamos juntos Eduardo y yo, ella a mi lado, después de escuchar misa, salimos. Así fueron los siguientes domingos.

Un lunes, me fueron a entregar un requerimiento del juzgado para que Eduardo hiciera un depósito por la cantidad de cincuenta mil pesos, con plazo para pagar el martes a las tres de la tarde, o sea al día siguiente; con una nota en la que lo apercibían de desalojo en 24 horas, después del vencimiento de la fecha de pago por rentas caídas.

Lógicamente, al único que podíamos acudir para que nos prestara esa cantidad, era a mi hermano Toño, por mala suerte todo su dinero lo tenía invertido. Llegado el martes, me fui al trabajo. Desde que recibí ese documento, no comí, no cené ni pude dormir, me sentía como sonámbula, parecía como si trajera un gran clavo en el centro de la cabeza que me provocaba un fuerte dolor permanente; las imágenes del desalojo de Otilio estaban en mi memoria, pero ahora con mi casa demolida, mis cosas y mis hijos en la calle, asustados, llorando y nosotros sin dinero para llevarlos bajo algún techo, aunque fuera una choza de madera, pero no en la colonia de Los Hornos, donde teníamos la bodega.

Sin embargo, me empecé a hacer a la idea de que no teníamos otra opción, ni otro lugar a dónde llevarlos más que ahí, procurando que no salieran solos a la calle, como lo hacían aquí donde vivíamos, ya todos los niños son sus amigos, se meten a jugar a la casa con mis hijos o ellos a sus casas, todo esto lo pienso mientras trabajo y en momentos trato de esconder la cabeza de la mirada de la gente que llega al deportivo y de los compañeros que están siempre frente a mí. No quiero que me vean llorar.

CAPITULO 11

EL VALOR DE LA LEALTAD

A través de los vidrios del Archivo, alcancé a ver a la licenciada Del Ángel que venía directo hacia mí, me sequé las lágrimas con mi mano, ella muy sonriente me preguntó:

—¿Cómo está, Yoli?

—Bien, licenciada.

—Préstame la lista de los usuarios familiares.

Se la entregué.

—A ver, deme el expediente de la familia...

Lo mismo hizo para pedirme un expediente individual, después que verificó los documentos que me solicitó, me los regresó y me preguntó:

—¿Qué le pasa, Yoli?

Yo sabía que si le decía lo que me pasaba no iba a aguantar el llanto, así que mientras ponía las tarjetas en el kardex y los expedientes en el archivero, procuré que no viera mis ojos hinchados y le contesté:

—Nada, licenciada.

—¿Segura?

—Sí.

Sin decir más, salió y bajó las escaleras que se encuentran frente a uno de los gimnasios y unas oficinas, a los pocos minutos subió, y al pasar rápidamente por mi puerta, me dijo:

—Véngase conmigo, Yoli, vamos a mi oficina.

Cuando salí, ella ya había avanzado una buena distancia, yo traté de apresurar el paso, a mis zapatos ya les faltaban las tapas y con los tacones desgastados y el piso adoquinado no era fácil. Llegando a su oficina, ya se encontraba en su sillón, tras de su escritorio, cómodamente sentada.

—Tome asiento, Yoli.

—Gracias, licenciada.

—Escúcheme: antes de que usted pusiera en orden el archivo yo no podía dormir, no sabía cuántos usuarios había, cuánto dinero entraba, no sabía *ni madres*; ahora estoy tranquila, no me preocupa si me hacen alguna auditoría. Yoli, nosotros los políticos tenemos ojos y oídos por todas partes; supe que una funcionaria le ofreció lo que usted pidiera a cambio de mi cabeza, y usted no me vendió. Ahora dígame qué le pasa, quiero corresponder a su lealtad, porque es lo más valioso de una persona, ¿qué le pasa?

—Licenciada, estoy perdiendo mi casa, si no pago hoy antes de las tres de la tarde cincuenta mil pesos, para mañana o pasado mañana, a más tardar, me desalojarán; le pedí prestado a mi hermano, pero no pudo, todo lo tiene invertido en su negocio.

La licenciada sacó de su bolso de mano una chequera, anotó la cantidad que yo tenía que pagar, me lo entregó y me dijo:

—Cierre la caja, póngale el letrero fuera de servicio y váyase, tenga para que tome un taxi.

Me dio un billete de doscientos pesos, y yo le dije:

—No tengo para pagarle, pero le puedo dar mi sueldo cada quincena.

—No se preocupe, ese dinero es mío, no de la delegación, ya váyase.

Corrí a Insurgentes, tomé el microbús que va al Metro C.U., lo abordé y bajé en la estación Niños Héroes, desesperada llegue al banco a solicitar un cheque de caja por los cincuenta mil pesos y me fui a paso veloz al Tribunal Superior de Justicia a entregarlo en el juzgado correspondiente, faltando menos de diez minutos para las tres de la tarde. Después de que sentía la pesadez de mis pies por los zapatos viejos, en toda esta carrera para llegar a tiempo, mis zapatos no fueron obstáculo alguno.

Lo que me dio la licenciada Del Ángel para taxi, lo gasté en un pollo rostizado, aguacates, jitomates, cebollas, chiles serranos y cilantro; las tortillas las compré cerca de la casa y todavía me sobró cambio.

Ese día lo inicié con miedo, dolor de cabeza y llanto, mucho llanto, y gracias a ese **_ser maravilloso_** llamado Luz Viviana del Ángel Mendoza, estaba tranquila en mi casa, con mis hijos, y comiendo rico.

A los dos años de estar como trabajadora eventual, pasé a ser basificada, gracias a ella, quien me consiguió la base. Como a mí, también ayudó a muchos trabajadores más; hizo muchas mejoras en el deportivo, por citar algunas: amplió las instalaciones y remodeló otras, modernizó los baños y vestidores, erradicó el alcoholismo en el personal masculino, ahora el trabajador que lo permitía, promovía y practicaba, ayuda a las personas que tienen problemas con esta enfermedad.

Unos meses antes de terminar los tres años de su gestión en la delegación, la licenciada Del Ángel me invitó a seguir trabajando con ella en el PRI Nacional; me pondría a una persona que me capacitara en informática, yo sería su brazo derecho, y mi sueldo sería bueno. Lamento infinitamente no haber podido, mis hijos eran pequeños y los tendría más lejos de mí, además de que en tiempo de campaña no tendría horario de salida.

En cuanto llegó la siguiente administración me hostigaron de varias formas algunos trabajadores, hicieron cómplices a los jefes de promoción deportiva en turno; salí de Villa Olímpica, me fui a otra y otra área. Cuando me llegaron rumores de la felicidad que les provocó a estas personas mi salida de Villa Olímpica y en la plática me comentaron que nadie quería administrar el Módulo de Bienestar Social en la colonia Mesa de Los Hornos, donde teníamos la bodega de desperdicios, concursé en el escalafón y conseguí el nivel de jefe de oficina, así comencé a administrar varios deportivos y centros de Bienestar Social.

Todos los jefes de promoción deportiva me relegaban, pero esta vez aguanté, lo único que seguí haciendo fue trabajar lo mejor que pude. Llegó el licenciado Arturo Contreras Bonilla, *un jefe más de promoción deportiva*, pensé. La diferencia fue que él visitaba seguido de improviso el deportivo y Módulo de Bienestar Social, San Pedro Mártir, que yo administraba en ese tiempo, y hacía un recorrido por los cubículos para confirmar que las actividades que le reportaba fueran reales y otras que se llevaban a cabo en la cancha de usos múltiples; yo no podía inventar, porque los dineros autogenerados lo demostraban.

Cuando él conoció mi trabajo, me empezó a apoyar con material deportivo: playeras, balones, cajas de botellas de agua, sándwiches, medallas, todo lo necesario para los torneos de diferentes deportes. Se disculpó conmigo por haber escuchado a gente de Villa Olímpica que le habló pestes de mí, y me dijo:

—Discúlpame, manita, de hoy en adelante ya sabes que cuentas con todo mi apoyo, pídeme lo que necesites —a la fecha, cuando nos vemos nos da gusto saludarnos.

El licenciado Arturo Contreras Bonilla, actualmente, sigue promoviendo y apoyando a los deportistas desde la CONADE.

Mejoró mi sueldo, disfruté de la seguridad de tener empleo por 30 años con todas las prestaciones de ley; tuve la oportunidad de ser Delegada Sindical de la sección 22 de Promoción Deportiva del Sindicato Único De Trabajadores Del Gobierno del Distrito Federal, y así pude representar y defender a los agremiados que se acercaron a mí con diferentes problemas.

Las reuniones las empezaba desde las seis de la mañana, ya que el área de limpia es la más madrugadora de todas, y si no hablaba con el jefe de limpia a esa hora, después era imposible, las reuniones con los demás jefes, subdirectores y directores terminaban a veces a las once de la noche.

Yo seguía todavía con el problema de mi casa. La abogada Licona se encargó de guiarme para que yo investigara los antecedentes de mi terreno, me mandaba a tomar el acuerdo del expediente y de pasada me encargaba que revisara otros tres o cuatro más; cuando pedía los expedientes, siempre me decían: *aquí tiene sus expedientes, licenciada*, yo les contestaba: *gracias, pero no soy licenciada*, opté por ya no hacerles la aclaración y limitarme a dar las gracias. Un día, un señor que también estaba esperando que le entregaran sus expedientes, volteó a verme.

—¿Señora Yolanda?, ¿usted es abogada? —era un licenciado que iba a Villa Olímpica.

—No, me manda una abogada.

—¡La felicito!

No entendí la felicitación, pero me sentí bien. Cuando le llevé los acuerdos a la abogada Licona, le comenté el incidente, ella sonrió y me preguntó qué contestaría de los acuerdos que tomó y le di mi respuesta para cada uno de ellos.

—Sí, lo único que le falta es argumentarlos con los artículos del Código Civil —continuó diciendo—, usted me ayuda más que un pasante, siga estudiando, métase a derecho, yo la apoyo.

—Gracias licenciada, mi situación económica está muy difícil, y mis hijos muy pequeños, tengo dos amigas: Lucha Hidalgo y la trabajadora social Maricela Becerril, ellas me ayudan muchísimo, sin ninguna condición ni pago. Lucha Hidalgo, tiene una tienda de uniformes cerca del CENDI, cuando los mayores todavía no salen de la escuela, ella me hace el favor de sacar al más pequeño y lo lleva a su casa, le da de comer y lo cuida, hasta que pasan por él los otros dos, aparte de que me fía los uniformes, calcetas y tenis. Otras veces la trabajadora social Maricela Becerril también me ayuda recogiéndolo del CENDI, lo cuida y lo alimenta. Como podrá usted ver, mis hijos mayores, no tienen quien los cuide. Espero que termine pronto este juicio para poderles dedicar más tiempo.

CAPÍTULO 12

ASÍ FUE EL REGISTRO QUE HIZO OTILIO

En todas estas investigaciones las personas que me recibieron y se encargaron de revisar la documentación, descubrieron que Otilio se había registrado como propietario, clandestinamente, con ayuda de algún abogado, sacaron la hoja del libro e hicieron el registro a su favor, fuera de las oficinas.

En cuanto a la sucesión, ya habían perdido los derechos para poder recuperar los terrenos en disputa, pues presentaban las irregularidades de haber tenido abandonado el expediente durante cinco años y haber hecho el desalojo de Otilio fuera de la ley, ahora con apoyos oscuros estaban retomando el caso para recuperar los ocho terrenos que cubrían la superficie que perteneció al dueño del que ellos se presentan como sucesores.

Con este descubrimiento, la licenciada me dijo que podía regresar a Otilio al terreno del que fue desalojado, que así íbamos a debilitar a la contraparte, ya que nosotros teníamos las pruebas del fraude. Otilio ya tenía 3 años de haber sido desalojado y estaba rentando unos cuartos por ahí cerca, en la misma colonia. Lo busqué y le dije que había posibilidades de que regresara al terreno y que no tuviera miedo, ya no podían sacarlo otra vez. Afortunadamente, había más gente de la delegación que me apoyaba y me ayudó con camiones para sacar el cascajo del terreno y Otilio regresó a habitarlo.

Gran objeto de tentación me provocó la propuesta que me hizo el licenciado Piedra, personal de la Dirección General de Regularización Territorial (D.G.R.T.), cuando me ofreció escriturar el terreno de Otilio, como extensión del mío, a mi nombre; esto debido al fraude, gastos, problemas, pérdida de tiempo, etcétera, etcétera, etcétera, todo esto provocado por él. Pude haberlo aceptado, pero vivo tranquila sin que nadie me señale a mí ni a mis hijos.

Otra vez llegaron los carros llenos de gente, llamé a la licenciada Licona por teléfono; me dijo que no saliéramos, no le abriéramos a nadie, y la esperáramos; cuando ella llegó nos dimos cuenta de que era a Martín al que ya iban a desalojar, la licenciada Licona habló con el actuario, le advirtió que se estaba metiendo en problemas muy fuertes, ella se identificó como juez; en ese tiempo ya había concursado por un juzgado y lo ganó.

El actuario tomó su portafolio y caminó lo más rápido que pudo hacia su automóvil. La licenciada me mandó decirle al licenciado, quien estaba golpeando la puerta de Martín, que se alejara, o lo desvestiríamos todos, porque sin actuario no había desalojo.

Me acerqué poco a poco, pues la calle estaba completamente llena de gente que había llegado en los carros para ejecutar el desalojo, y los vecinos que estaban también ahí, esperando a ver qué pasaba; estando junto a él le dije:

—¡Retírese si no quiere que lo encueremos!, porque sin actuario no hay desalojo.

El abogado palideció, hoy no lucía tan contento, mucho menos soberbio, ni pedante; con voz insegura me contestó:

—Sí hay actuario.

—No —le contesté—, ahora se está subiendo a su coche.

En ese momento el actuario arrancó. Le pregunté con voz más fuerte, mientras mis vecinos se burlaban:

—¿Qué prefiere? Se va o lo desvestimos.

Todos los desalojadores huyeron, el licenciado, blanco como un papel, medio encorvado, como queriéndose ocultar, no pudo correr entre la multitud, los vecinos le estorbaron a cada paso que daba, lo logró minutos después, me imagino que para él fueron eternos. Manejó su automóvil porque lo dejaron solo.

Salió Martín y su familia, los vecinos estábamos contentos porque la abogada evitó el desalojo y logró regresar a Otilio al terreno; yo preferí apoyar a mi vecino porque, finalmente, estaba allí, engañada por los dos: la sucesión estaba llevando un juicio que ya no procedía, aparte de que ya tenían por costumbre meterse a las casas a intimidar a las familias. Otilio nos defraudó, aunque al final se supo que, de las ocho familias, solamente dos le pagamos.

Como era de costumbre, todos los presidentes de los seccionales nos reunimos (los seccionales abarcan determinadas calles de las cuales se tiene un censo habitacional), y es a la comunidad que cada presidente seccional atiende en sus necesidades de servicios y muchas veces de carácter legal, por lo tanto, es muy importante trabajar con el apoyo de las autoridades de gobierno.

Fue lo que hicimos al unirnos para resolver los problemas de vivienda donde había muchas irregularidades provocadas por gente que se adueña de los terrenos como en el caso de Otilio.

Las cuatro secciones de la colonia Miguel Hidalgo estaban conformadas por más de 100 presidentes de los seccionales, cada uno representando a varias decenas de familias formadas hasta por diez miembros; aunque como siempre, la mayoría de la gente, sabiendo que hay un representante y que conoce de sus problemas, se despreocupan, y es difícil contar con su presencia para reuniones de importancia donde ellos deben estar, como afectados, en las marchas con las que ejercemos presión para llamar la atención hacia nosotros y que las autoridades hagan su trabajo. Si todo este movimiento alguien pretende hacerlo por su cuenta o con un reducido grupo de personas, los resultados favorables son imposibles.

Formamos un equipo fuerte y logramos que el gobierno se fijara en la problemática de nuestra enorme colonia, compuesta por cuatro secciones. Había una buena organización; a los seccionales nos coordinaban representantes que estaban en comunicación constante, directa y personal con los directivos, tanto de la D.G.R.T., el partido y todas las instituciones de gobierno.

Al frente de la D.G.R.T., se encontraba la arquitecta María De Los Ángeles Leal Guerrero, mujer muy trabajadora, atenta y comprometida con su cargo. Su oficina se encontraba en la avenida Izazaga, en el Centro Histórico de la ciudad. En una de las muchas reuniones que tuvimos en su oficina, varios presidentes de seccionales fuimos invitados por la líder que coordinaba a este grupo, a quien yo presioné para que le comentara mi problema a la arquitecta, debido a que yo era una más en la bola, y al ver a tanta gente con sus problemas, temí que el mío fuera ignorado como muchos.

Me importaba que la arquitecta me conociera personalmente e incluyera mi expediente en el Programa de Escrituración, y fuera enviado al módulo de D.G.R.T., dirigido por ella y coordinado por el licenciado Miguel Ángel Piedra, que se instaló en la delegación Tlalpan, esto con la finalidad de facilitar la regularización territorial y resguardo de documentos.

Después de que la líder tomó la palabra para hacer la presentación general del grupo de los presidentes de las secciones de la colonia Miguel Hidalgo, como primer punto, me presentó con la arquitecta, de esta forma: "Arquitecta: ella es Yolanda Salazar, es nuestra presidenta del seccional 3834, y nos la quieren desalojar; ella hizo la compra legal de su terrenito, tiene los recibos del pago del terreno y del material de construcción de los cuartitos que está haciendo; ¡imagínese si la desalojan siendo la presidenta del seccional, cómo quedaría nuestro partido! ¡Échele la mano, arqui!" La arquitecta se dirigió a mí y me dijo que no le aflojara con el trabajo de equipo que estábamos haciendo, ya la llevábamos de gane con la expropiación, faltaba un jaloncito: *"¡ay riata, no te revientes!"*, así dijo, enseguida me aseguró que antes de que ella se fuera yo tendría mi escritura.

CAPITULO 13

ACCIONES QUE TOMÉ, EN CASO DE DESALOJO

Le pedí prestados a mi padrastro sus documentos de trabajador de la Secretaría de Educación Pública (SEP) para tramitar un departamento de interés social, él era conserje de una escuela primaria. Me los proporcionó, al día siguiente fui a la SEP, ubicada en la calle República de Chile, esquina con la plaza de Santo Domingo, en el Centro Histórico de la Ciudad de México.

Me entrevisté con el coordinador de vivienda, le expliqué el problema de la amenaza de desalojo y el apoyo que le pedí a mi padrastro con sus documentos para ver si había posibilidad de conseguir un departamento de interés social. Al momento que ponía los documentos en sus manos, le dije que yo estaba consciente de que ese departamento les pertenecería a él y a mi mamá, en caso de que saliera beneficiada por medio de esta coordinación de vivienda.

Si por desgracia llegara a perder la casa, usaría el departamento mientras conseguíamos dónde rentar o comprar; de lo contrario, le entregaría directamente la vivienda a mi padrastro, en cuanto lo recibiéramos. El coordinador me dijo que no habría ningún problema si ya había hablado con el señor Carlos Solís Romero; dependía de mí obtener ese departamento si cumplía con los requisitos establecidos en el programa, que consistían en asistir puntualmente a todas las reuniones en el sindicato, las marchas de protesta de principio a fin y los mítines.

A partir de ese día nació en mí una nueva esperanza, sabía que si no se solucionaba por un lado sería por otro, pero en ningún momento me resigné a llevar a mis hijos a vivir a la colonia Mesa de los Hornos, la sola idea me aterraba, las condiciones para conseguir el departamento me parecieron fáciles de cumplir, aunque supe que invertiría más tiempo.

Empecé a asistir a las reuniones de la SEP un día a la semana, desde la primera, en el momento que nombraban a Carlos Solís Romero, empezaba el cuchicheo y las risitas burlonas acompañadas de miradas hacia mí. Esto se dio todo el tiempo que duraron las reuniones. Los departamentos los entregaban periódicamente de diez en diez, más o menos cada tres meses.

Al paso del tiempo, cumplir con todos esos requisitos se me comenzó a hacer muy pesado, ya que las marchas eran largas, bajo el fuerte rayo del sol, y los mítines también, las juntas informativas en el sindicato se extendían; físicamente no eran tan cansadas, aunque emocionalmente eran pesadísimas para mí, porque día a día, la costumbre de la mayoría de los asistentes era cuchichear, burlarse y mirarme, lo que representaba un esfuerzo mayor esta nueva meta que me había fijado con el fin de conseguir ese departamento; viajaba con lo de mi pasaje de ida y vuelta y una botellita con agua.

Después de dos años de mi participación en este programa de vivienda, se repartirían treinta departamentos, todos aplaudimos porque ahora serían diez trabajadores más los beneficiados. Dieron lectura a la lista de treinta de los cuales únicamente veinte serían los beneficiados con departamento, se hizo un silencio absoluto cuando empezaron a dar los nombres, todos estábamos deseosos de escuchar el nuestro; yo ya pensaba desertar puesto que a veces tenía que conseguir prestado para el pasaje y aumentaba mi culpa de dejar a mis hijos solos por más tiempo; por un momento dejé de escuchar la lista, cada que nombraban a uno de ellos debían contestar: ¡Presente!

Yo estaba pensando en todo el tiempo perdido en ese lugar porque llegó el momento en que me sentí invisible, pues nadie me hablaba y era un rechazo absoluto de todos hacia mí, excepto del coordinador que se limitaba a pasar lista, a dar la información necesaria, las recomendaciones y las observaciones de las personas que se habían salido a mitad de las marchas y de los mítines.

Como de costumbre, al finalizar la junta muchos se acercaban a él para comentar o preguntar algo, yo salía sin despedirme de nadie, ya que cada vez que lo llegué a hacer, nadie me contestaba y el coordinador siempre estaba rodeado de los trabajadores; absorta en mis pensamientos, de momento me percaté de que todos estaban volteando a verme y el coordinador subió el volumen de voz, para repetir: "Carlos Solís Romero"; levanté rápidamente la mano, y contesté: *¡Presente!* El coordinador nombró a tres o cuatro personas más y nos aclaró que únicamente veinte iban a ser los beneficiados ese día, pero los otros diez quedarían en la próxima lista para recibir su departamento, nos citó para el día siguiente en la Plaza de Santo Domingo.

Por lo regular siempre llegaba a la casa de mal humor y muy cansada, esta vez llegué cansada pero contenta y le informé a mi familia que al día siguiente posiblemente nos asignarían el departamento, no mostraron entusiasmo alguno, me voltearon a ver y regresaron la mirada al televisor, imagino que pensaron que todo lo que yo andaba haciendo era solamente perder el tiempo y pasármela en la calle, no sabían que lo que hacía era para defender la casa y conseguir otra vivienda, pensando en ellos.

Justifico a mis dos hijos mayores, porque aparte de sentirse solos tenían que cuidar al más pequeño, esa responsabilidad no les correspondía a ellos, pero yo estaba segura que pronto terminaría esta pesadilla que estábamos viviendo y retomaríamos la convivencia en familia sin sobresaltos, más tranquila.

Al día siguiente llegué puntual a la cita en la Plaza de Santo Domingo, a la hora que nos citaron ya estábamos todos reunidos. El coordinador tomó su lugar frente a una fuente, la cual le daba cierto relajamiento al ambiente, con los chorros de agua que subían y resbalaban por la cantera; en momentos, rebotaba un poco de agua fuera de la pileta, estábamos al aire libre en área pública (famosa esta plaza por todos sus locales dedicados a la imprenta de certificados, diplomas, títulos, así como tarjetas de presentación, tarjetas de Navidad, calendarios etcétera, etcétera). Si cuchichearon, se burlaron o me miraron, ese día me propuse no escuchar nada que viniera de esa gente nefasta, el día era hermoso y únicamente escucharía al coordinador.

Él pidió que guardáramos silencio para empezar a nombrar a los trabajadores que felizmente al día siguiente irían a conocer su departamento, únicamente se escuchaban algunos ruidos de las imprentas, algunos motores de coches y camiones y de las personas que se encontraban en esos locales.

Todos los del grupo de esta reunión guardamos silencio, el coordinador, para romper un poquito el hielo, sugirió que le diéramos un aplauso a cada uno de nuestros compañeros al momento de que se les mencionara. Así fue, a cada uno le ofrecimos un aplauso, cuando iban en el número 16 o 17, yo empecé a perder la esperanza de que nombraran a mi padrastro.

Se acabó poco a poco el aplauso en el momento en que escuché el nombre Carlos Solís Romero. Hicieron silencio absoluto, nadie aplaudió, se miraban unos a otros, hasta que la señora Andrea García, señalándome con la mano, en voz alta, dijo:

—¿¡Se fijan!?, le combino andarse acostando con su padrastro, mírenla qué mosquita muerta.

Sentí repugnancia por esas personas que se empezaron a reír, y el cuchicheo, que antes se escuchaba en el salón de juntas, ahora eran comentarios en voz alta.

A la orilla de la plaza se encuentran unos pequeños postes redondeados de la parte superior, me fui a refugiar en uno de ellos, me senté y me cubrí la cara con mis manos, no pude evitar el llanto. En mi pensamiento le pregunté a Dios, ¿por qué me estaba pasando todo eso? ¿Era yo muy débil?, sentí una mano en mi hombro, me descubrí la cara, al voltear me encontré con la mirada compasiva del coordinador que me tomó del brazo y me pidió que lo acompañara, me condujo al frente de la fuente, a un lado de él; les pidió que guardaran silencio y les dijo:

—Nadie tenemos el derecho de saber los problemas de nuestros compañeros, este es un programa para los trabajadores y el señor Carlos Solís Romero es un trabajador igual que todos nosotros, no es mi obligación ni mi derecho comentarles el caso de la señorita, pero me voy a tomar esa libertad, ya que se han portado de una manera injusta y grosera. Ella, su esposo y sus hijos fueron víctimas de un fraude y están a punto de perder su casa, este es un apoyo que le están dando su mamá y su padrastro, ella está consciente de que el departamento es un préstamo, en caso de que la desalojen con su familia.

»Señora Andrea, le advierto que ésta será la primera y la última vez que paso su actitud por alto, va para todos, ¿usted cree que no me he dado cuenta de que hay veces que, al pasar lista, alguien contesta por usted "presente", y que en las marchas y los mítines se desaparece al principio o a la mitad? Toda esa participación la he tomado en cuenta para la asignación de los departamentos, si vuelve a incurrir en este acto tan vergonzoso para usted y continúa con las prácticas negativas en su participación, la tendré que sacar del programa de vivienda, eso es todo. Mañana nos vemos en la dirección que todos tienen para que conozcan su departamento«.

Llamé a mi mamá por teléfono para avisarle que al día siguiente pasaría por ella y por mi padrastro para que fueran a conocer el departamento, les quedaría cerca de la escuela donde actualmente vivían; al día siguiente pasé por ellos, lo inesperado fue que nos acompañó Adolfo, mi medio hermano, hijo de mi padrastro y de mi mamá, un tipo nefasto que se atrevía a golpear a su padre.

Llegamos al lugar, los presenté con el coordinador, quien enseguida nos informó la ubicación del edificio y número de departamento. El primero que entró, revisando cuidadosamente todo, fue Adolfo; enseguida entró mi mamá y mi padrastro, yo atrás de ellos. Cuando salimos a despedirnos del coordinador, nos recomendó que los domingos no faltáramos a las faenas, que consistían en hacer las jardineras, ahora esa era la condición para no perder lo que hasta el momento se había ganado: *"les recuerdo que faltan cuatro mil pesos del enganche para completar los cinco mil; los deben entregar a la firma de las escrituras, los demás pagos serán descontados de su nómina"*.

Nos despedimos del coordinador y nos fuimos caminando en silencio hacia la escuela donde vivía mi padrastro con mi mamá y sus hijos, mi madre rompió el silencio al decirme:

—Hija, mejor que ese departamento sea para Adolfito, está muy chico para ustedes cinco, no creo que quepan, y es que Adolfito se acaba de juntar con la hermana del doctor que te atendió en tus dos partos.

Antes de que yo pudiera contestarle a mi madre, Adolfo dijo:

—Además, yo soy hijo del trabajador, ella no tiene ningún derecho.

Lo ignoré, y le contesté a mi mamá:

—Como tú digas está bien mamá, nada más que me regrese mil pesos que di a cuenta del enganche, los pedí prestados con intereses.

Mi mamá me contestó:

—De eso no te preocupes, yo te los pago.

Días después, un sábado, mi mamá fue a la bodega de mi hermano Toño, me mandó llamar con un niño y me entrego los mil pesos, me dijo que Adolfito no había querido ir a las faenas y mi padrastro fue una vez, lo asaltaron en el camino y ya no regresó. Lo más seguro es que ya se hubiera perdido el departamento. Así fue como lo perdieron, mismo que me costó dos años de marchas, dinero, mítines, pero, sobre todo, un tiempo precioso, que debió ser para mis hijos.

Continué al pendiente del juicio de mi casa. El contrato de compraventa que estaba a nombre de Eduardo se canceló, y Otilio firmó otro a mi nombre. La juez Licona promovió un juicio de separación de bienes, así fue como se manejó la propiedad para que cuando llegara la orden de desalojo nosotros estuviéramos casados en el régimen de separación de bienes. Por recomendación de la arquitecta María de los Ángeles, de la D.G.R.T., yo estaría como propietaria, desconociendo a Eduardo, por lo tanto, yo no había firmado ningún contrato de arrendamiento.

En el proceso de escrituración, fijé un día para las reuniones informativas con mis vecinos, en mi casa. Los demás vecinos que no tenían problema alguno querían estar al tanto de cómo nos iba, se solidarizaron con nosotros, cuando me mandaban microbuses, ellos nos acompañaban para hacer más presencia y, por lo tanto, más presión.

Juan González, uno de los vecinos en peligro de desalojo, acostumbraba irse a llorar al parque recreativo Fuentes Brotantes, había un arbolito con el tronco inclinado hacia un lado y ahí lo veíamos continuamente sentado, con su cigarro encendido, y limpiándose las lágrimas. Dos o tres veces me dijo que lo ayudara por favor para que saliera su escritura, que en cuanto eso pasara, y él la firmara, me iba a dar cinco mil pesos; le respondí que yo no iba a lucrar con nuestro problema y no me gustaba pedirles dinero ni aceptarlo cuando me lo ofrecían, porque si yo les aceptaba un peso, no faltaría quien dijera que me dio cien, así que no se preocupara, toda la información y el avance que me dieran en el módulo, con gusto se las compartiría en las reuniones.

CAPITULO 14

MI PRIMER INTENTO EN EL NEGOCIO DE BIENES RAÍCES.

En una de esas reuniones se me ocurrió proponer a mis vecinos que compráramos un terreno grande, lo fraccionáramos en lotes y sería pagado en mensualidades, de inmediato me empezaron a preguntar en qué lugar iba a estar ese terreno, cuánto iba a costar, cuándo lo íbamos a ver, de qué medida sería, si podrían adquirir más de uno. Me emocionó su entusiasmo y les dije que se me acababa de ocurrir esa idea, que iba a hablar con la abogada Licona, para dar pasos firmes y evitáramos un problema como por el que estábamos pasando y del que no podíamos salir.

Hablé con la abogada Licona. Cuando le platiqué mi idea de buscar terreno y lotificar, con la ventaja de tener por el momento a mis vecinos como posibles compradores, ella se emocionó:

—Cuente con mi apoyo, señora Yolanda, hágalo, empiece a buscar el terreno, y me avisa.

Al día siguiente, muy temprano, nos fuimos Eduardo y yo al pueblo de Topilejo, Tlalpan, en búsqueda de un terreno que estuviera en venta. Encontramos uno que nos pareció ideal para el número de familias que por el momento llegaban a la casa en nuestras reuniones. Nos dijo el dueño que, si nos interesaba ese terreno, el sábado o domingo le entregáramos por lo menos veinte mil pesos para que lo considerara un compromiso formal y ya podríamos lotificar, tomar posesión y hacer algunas cabañitas, si así lo queríamos; cada mes le daríamos la misma cantidad.

La construcción definitiva sería en el momento del pago total, por lo pronto, cada familia tendría derecho a limpiar su terreno y él nos avisaría el momento en que podíamos ya construir alguna cabañita provisional. Después de entregarle los primeros veinte mil pesos, le dije que para tranquilidad de él y de nosotros, los compradores, él nos firmaría un poder como vendedoras a la abogada y a mí, ahí mismo o en otro documento por separado, como lo determinara la abogada.

Nos comprometimos a hacer este pago puntual y directamente a él, ya que las dos trataríamos con los compradores. Él aceptó, y nos presionó para que le diéramos fecha para el primer pago, le dije que el próximo domingo estaríamos ahí con él para, en esos cuatro días, ponernos de acuerdo con la abogada y con los compradores, porque entre todos cubriríamos esa cantidad mensual. Por la noche busqué a la abogada en su casa y le propuse quedar como vendedoras las dos y ella estuvo de acuerdo, así estaríamos al pendiente de cualquier movimiento ilegal que quisiera hacer el señor Vidal Márquez. Citaría a todos los vecinos el domingo a las 7:00 a.m., esperando reunir los veinte mil pesos para entregarlos en la fecha pactada.

Al día siguiente de este acuerdo con la abogada, convoqué a mis vecinos a una reunión. Parecía que todos estaban esperando que les llamara, porque llegaron puntuales y emocionados. Les informé la manera en que se iba a coordinar la compra y la venta de este terreno, y la importancia de entregar los veinte mil pesos ese domingo, para esto era de suma importancia que estuvieran todos presentes con el fin de que conocieran, tanto el terreno, como al señor Vidal Márquez y a la abogada, que ya habían visto; les mencioné la importancia que tenía esto, porque finalmente las dos quedaríamos como vendedoras.

Se inició una emocionante discusión en la que algunos decían que de una vez empezara yo, al día siguiente, a cobrar a cada quién lo que le correspondía. Esta propuesta la hizo Silvia, todos la estimamos y le agradecemos y seguimos agradeciendo, es mi caso, que nos pasaba las llamadas telefónicas; en ese tiempo ella era la única que contaba con teléfono y la que tenía la casa más bonita de la calle y lo sigue siendo; nos invitaba a pasar a su sala para hacer nuestra llamada o recibirla, siempre fue muy amable y a la hora que fuera nos iba a hablar hasta la puerta de nuestra casa o mandaba a alguien para que fuéramos a contestar el teléfono o para pasarnos algún recado.

El día 12 de diciembre de cada año, le hacía una misa a la Virgen de Guadalupe, casi siempre con mariachis; desde luego, también le hacía los rosarios en el que nos invitaba a participar. Esto justifica el motivo por el cual todos nos unimos a su propuesta. Todavía el sábado por la noche me estaban pagando cada uno lo que le correspondía dar de mensualidad, terminé casi a las 12:00 a.m. de hacerles sus recibos. Se reunieron en total veintidós mil pesos.

Al día siguiente, antes de las 7:00 a.m., se escuchaba un gran alborozo de alegría en la calle, a partir de este domingo se sumaron otros, se escuchaba a Silvia diciendo en voz alta: ¡Vámonos a Topi Houston!

Nosotros ya estábamos preparados con unas tortas de frijol con huevo y agua de limón, nos fuimos en familia y con todos nuestros vecinos, desde luego cada uno como pudo llegar hasta donde pasaba el camión que nos llevaría a Topilejo; la abogada se fue con nosotros. Era una experiencia bonita, como un respiro a todos los problemas que se habían visto en la calle debido a la presencia de la sucesión. La amenaza que teníamos de desalojo de ocho familias, todavía nos tenía preocupados y asustados.

Cuando llegamos al destino del camión, en Topilejo, algunos vecinos ya nos estaban esperando, y a nosotros nos tocó hacer lo propio con respecto a los que faltaban por llegar. El señor Vidal, ya venía caminando hacia nosotros, en ese momento llegó el camión del que bajaron los últimos vecinos.

Comenzamos a caminar todos siguiéndolo, el terreno se encontraba a medio kilómetro de la terminal de camiones; al llegar, todos nos paramos en la orilla en la parte alta, un metro más o menos de altura con diferencia al terreno que se podía observar hacia abajo, todo completamente plano, rodeado de árboles y todavía con algo de rastrojo, pues apenas acababan de cosechar maíz. Ahí les presenté al dueño Vidal, y después de comentarles que muchos de ellos ya habían visto a la abogada Licona, de visita en mi casa, la presentaba ante todos.

Les pedí que nos esperaran un momento en el terreno, mientras íbamos, la abogada y yo, a la casa del señor Vidal a entregarle el dinero; los niños, incluyendo a mis hijos, empezaron a correr en el lugar, algunos papás a recorrerlo caminando, y Eduardo con otros decidieron sentarse bajo la sombra de los árboles.

El señor Vidal nos invitó a pasar a su casa. Una vez adentro, nos presentó a su esposa; le pedimos al señor que nos hiciera un recibo a nombre de las dos por veintidós mil pesos, por concepto de la primera mensualidad del terreno que en ese momento nos estaba vendiendo por la cantidad de trescientos treinta mil pesos, con una superficie de 3,000 m², a lo que la abogada de inmediato respondió:

—No, que lo haga únicamente a nombre de usted, señora Yolanda.

El señor Vidal intervino para decir:

—Pero si usted va a quedar como vendedora también, ¿por qué no quiere que se ponga su nombre?

La abogada contestó:

—Porque en caso de que salga algo mal en este asunto, la señora Yolanda ya sabe que tiene todo mi apoyo y cuenta conmigo incondicionalmente. Por parte de nosotros, tenga la seguridad de que no habrá problema alguno, y así espero que sea del lado de usted y de su esposa, aquí presente; a lo que los dos movieron la cabeza afirmativamente.

Le avisamos al vendedor que el próximo domingo ya tendríamos el plano para poder lotificar el terreno y que cada uno de los compradores escogeríamos el nuestro, lo empezaríamos a limpiar y el próximo mes necesitábamos que él se presentara en el terreno y, formalmente, nos autorizara para hacer una chocita de madera, nada más para protegernos del sol cuando viniéramos a limpiarlo; mientras, avanzaríamos en nuestras mensualidades y él nos avisaría en qué número de pago ya nos autorizaría la construcción definitiva, para hacer algunos cuartitos.

—De eso no se preocupen, cuando lleven la mitad pagada, hablamos para que ya empiecen a construir.

—Bueno, todo esto que acordamos hoy, el próximo domingo lo traemos por escrito para que lo firmemos, ¿le parece bien? —le pregunté.

—Sí, aquí nos vemos el próximo domingo.

De regreso al terreno, en cuanto nos vieron, se acercaron todos y le pedí a la abogada que ella les informara esto para que estuvieran tranquilos por su dinero, todos se emocionaron con lo de la cabañita, algunos pensaron en hacerla como las que salían en los programas gringos del Viejo Oeste.

Al siguiente domingo, cuando llegamos a Topilejo, a la casa del señor Vidal, con el plano y el contrato de compraventa para firma, salió su esposa y nos dijo que en cuanto llegara, él iba al terreno, que ya lo empezáramos a marcar con nuestro plano. A partir de este domingo ya no volvimos a ver al señor Vidal, nos dieron diferentes pretextos, y cuando se llegó el pago del siguiente mes, la abogada Licona y yo, una vez más nos presentamos en su puerta a buscarlo y, como se había hecho costumbre, su esposa apenas entreabrió la puerta para negarlo.

Esta vez la abogada Licona no aceptó esta respuesta y con las dos manos empujó la puerta de tal forma que nos metimos a la casa. La abogada le exigió a la esposa del vendedor que le llamara o nosotras mismas lo buscaríamos hasta el último rincón; la señora nos condujo hasta un cuartito dónde él estaba.

Se sorprendió al mirarnos. El respeto y la seguridad que imponía la abogada, lo intimidó; era un hombre de la tercera edad, del que siempre la abogada se refería con cierta compasión, teníamos que hablar con él para saber a qué atenernos. La abogada hizo un gran esfuerzo para tranquilizarse antes de preguntarle qué estaba pasando; el señor Vidal nos dijo que ya no nos podía vender el terreno, porque sus hijos no querían que lo vendiera.

—A la fuerza ni los zapatos entran, regrésele el dinero a la señora Yolanda.

—Ya no lo tengo, es que murió uno de mis hijos y lo usé para la funeraria.

—¿Entonces que pensaba hacer?

—Regresárselo en cuanto lo tenga.

—¿Para cuándo lo tendrá?

—Como en tres meses.

—¡No, señor, el plazo que usted tiene es para el próximo viernes!, hoy es domingo, así es que tiene seis días, mañana lunes le traen el citatorio del ministerio público, y es mejor que acuda con el dinero, de lo contrario, puede ir usted al reclusorio.

Para ese momento, el señor ya estaba temblando y completamente pálido. Hizo un movimiento afirmativo, sin levantar la mirada ni decir palabra alguna.

Entre semana, la abogada nos invitó a tomar un chocolate en su casa a Eduardo y a mí, para darme la mala noticia de que ya no me iba a poder acompañar en el proceso que se venía para el señor Vidal. Ella entró en un concurso para un juzgado y ganó. Le contesté:

—Bueno, no es tan mala noticia, más bien yo diría que es buena porque no todos los abogados tienen esa oportunidad de ganar un juzgado, felicidades.

Ella me conocía tan bien que notó la preocupación y tristeza en mis palabras, por eso se apresuró a decirme:

—No se preocupe, señora Yolanda, le voy a poner a dos abogados penalistas de toda mi confianza, usted no les va a pagar absolutamente nada, ellos me deben muchos favores y hasta el momento no he tenido necesidad de pedirles ningún apoyo, ahora sí, para que la acompañen al MP cada vez que haya necesidad, por lo pronto les dije que se mantengan atentos a su llamada por si quiere usted que la acompañen el viernes, espero que lleve el dinero el señor Vidal, aunque lo dudo mucho.

—Gracias, abogada, no creo que haya necesidad de que me acompañen, depende de cómo se pongan las cosas ya me comunicaré con ellos.

—Aquí le anoté los nombres de los dos y sus teléfonos, uno de ellos vive a tres calles de su casa, para lo que necesite.

El viernes llegó el señor Vidal al juzgado, como siempre, con su ropa muy desgastada y su sombrero casi tapándole la cara; de una bolsa de yute color beige, sacó un paliacate rojo, perfectamente amarrado. Lo depositó en el escritorio del abogado que nos recibió. Sin dirigirme la mirada ni la palabra, le dijo al abogado que únicamente había podido conseguir tres mil pesos. Era tan voluminoso el envoltorio que sin abrirlo yo hubiera jurado que eran los veintidós mil, al desatar el paliacate quedaron a la vista tres capas gruesas de periódico y todos los billetes de cinco pesos. El M.P. le recordó que ese día vencía el plazo para regresar todo el dinero.

El señor contestó que, primeramente, Dios, en un mes le traería todo. El M.P. me preguntó si yo estaba de acuerdo, y acepté, me dio un recibo para que lo firmara, por la cantidad de tres mil pesos y lo entregó al señor Vidal. Una vez ya en la calle se acercó a mí y, como si quisiera deshacerse del recibo rápidamente, me lo extendió y me dijo:

—Agárrelo.

Yo, desconcertada, ni lo toqué, le dije:

—Es suyo.

Como si pensara que ese recibo lo metería en otro problema aparte del que ya tenía, lo puso en mi bolso de mano, como estaba cerrado, el recibo cayó al suelo. Al día siguiente, la abogada me preguntó cómo me había ido, le comenté el incidente del recibo, se limitó a decirme, ¡guárdelo! Esté al pendiente para que se presente al M.P. dentro de un mes, aunque no creo que le vaya a llevar el dinero este señor, de todos modos, le doy copia de la carpeta que se abrió en contra de él; los abogados que la van a apoyar ya tienen la suya. La puede necesitar en caso de que alguien se atreva a demandarla.

—Dígame de qué forma va a manejar esos tres mil pesos que le entregó.

—Dos personas dimos tres mil pesos cada una, los voy a entregar a la primera persona de las dos que pagamos esta cantidad. Por lo pronto mañana voy a hablar con todos mis vecinos para comunicarles lo que pasó en el ministerio público, ya que ellos esperan que mañana les entregue su dinero.

—Suerte, señora Yolanda.

—Me siento muy mal, abogada, porque estaban muy ilusionados, a usted le consta que ni un solo domingo dejaron de ir a limpiar el terreno.

—Jajaja, de eso no se preocupe, señora Yolanda, recuerde que yo aparté dos terrenos al lado de los suyos, yo iba a poner criadero de puercos y usted de avestruces y nos íbamos a ayudar con tanto animal —me provocó una sonrisa—, entonces todos estamos tristes, pero no pasa nada, sus vecinos y yo la estimamos y no creo que tenga problema con ninguno de ellos. Los que nos podrían dar algo de problemas son los de Fuentes Brotantes, la mamá y el hijo, los noté muy desconfiados desde el primer domingo que fuimos al terreno, ¿quiénes son?

—El hijo de esa señora es yerno de Otilio.

—Espero equivocarme y que no le ocasionen ningún problema.

El domingo por la tarde se reunieron todos mis vecinos y les comenté lo sucedido en el M.P., les dije que esos tres mil pesos los iba a entregar a la primera persona que me pagó esa cantidad, ya que fuimos dos las que dimos lo mismo. Les ofrecí una disculpa por haberlos emocionado, les dije que esperaba que en un mes este señor Vidal pagara y de inmediato yo les empezaría a llamar para regresarle a cada uno su dinero.

La mayoría me dijeron que no me preocupara, que lo bueno era que el señor regresaba o regresaba el dinero, porque se veía que la abogada era de armas tomar. Sí, dije, eso es lo bueno, que nos está apoyando, también su dinero está de por medio y el mío, claro. Todos estábamos tristes porque nuestra ilusión se desvaneció.

Desgraciadamente, aparte de toda la carga de trabajo que tenía con lo de la sucesión, ahora pasaban los meses y el señor Vidal no se presentaba; le mandaron dos citatorios, apercibiéndolo de que si en el tercero no se presentaba irían unos agentes judiciales por él para llevarlo al reclusorio. Así pasaron los meses entre un citatorio, el otro y el apercibimiento. Por desgracia la abogada no se equivocó y el yerno de Otilio me demandó por fraude; mostré en el M.P. el documento que me proporcionó la abogada Licona. Así, demostré que todos éramos víctimas de fraude por parte del señor Vidal. Le dijeron al demandante que su querella no procedía por motivos obvios.

Un sábado andaba tendiendo la ropa en la azotea de mi casa, desde ahí observé una camioneta blanca con el logotipo de la P.G.R., se estacionó frente a la bodega de mi hermano y bajó un hombre; mi hermano salió y señaló mi puerta; bajé inmediatamente de la azotea, y cuando salí, ese señor con una placa oficial colgada con una cinta en el cuello ya estaba tocando a mi puerta, y algunos vecinos ya se encontraban cerca de la camioneta y otros asomándose por puertas y ventanas.

Se identificó como policía judicial, dijo que él era el encargado de ir por el señor Vidal a Topilejo, para llevarlo al Reclusorio Sur y que necesitaba dos mil pesos para la gasolina, le dije que esperara un momento, que le iba a llamar a mi abogado, me recorrió con la mirada de pies a cabeza y con sarcasmo me preguntó:

—¿Tiene usted abogado?

—Sí, y por suerte, vive aquí cerca.

Mis hijos siempre se mantenían cerca de mí cuando alguien tocaba a la puerta, le dije a uno de ellos que le fuera a llamar al abogado Eleazar, a quien días antes yo había ido a localizar y a presentarme con él, era el hijo del señor que nos vendía los materiales para construcción, yo acostumbro platicarle a mi familia lo que hago, con las personas que hablo, y, por lo tanto, mi hijo de inmediato supo a quién me refería.

El judicial me dijo que ese mismo día iría a Topilejo y se llevaría directamente al señor al reclusorio, y yo tenía que ir mañana, porque nos tomarían declaración y el imputado estaba obligado a pagar mañana mismo todo el dinero.

En ese momento apareció dando la vuelta a la calle mi hijo con el abogado; le comenté al judicial:

—¡Ahí vienen!

—Él se sorprendió y en voz alta me preguntó:

—¿Él es su abogado? —esto mientras caminaba a paso veloz; una vez frente a él se le cuadró con saludo militar (yo no entendía qué estaba pasando).

—Jefe, perdón, no sabía que usted era el abogado de la señora Yolanda.

Le preguntó el abogado:

—¿Cuánto le estás pidiendo para tu gasolina?, ¿pues hasta dónde vas por el señor Vidal?

—Jefe, venga por favor —abrió la puerta de los asientos traseros y ahí, en el piso, tenía al detenido.

El licenciado le dijo:

—¡Siéntalo!, ¿por qué lo traes ahí acostado en el piso?, ¿Qué no ves su edad?

—Disculpe, jefe.

El licenciado se acercó al detenido para asegurarse de que estuviera bien:

—¿Cómo me lo trataron, don Vidal?

—Bien.

—¿Me lo golpearon?

—No, señor.

El licenciado se dirigió hacia el policía judicial.

—Entonces, ¿cuánto quieres para tu gasolina?

—Con doscientos pesos está bien, mi jefe.

—Ya cambia, que va de dos mil a doscientos, deja ver si los tiene la señora.

El abogado me alejó un poco de la camioneta, y me dijo:

—Si no le damos los doscientos pesos, puede poner de pretexto cualquier cosa y no llegar al reclusorio, ¿los tiene?

—No, pero voy a ver a uno de los compradores o a su mamá, no tardo, es a dos calles. Disculpe, licenciado, veo que ustedes ya se conocen ¿verdad?

—Sí, fui ministerio público en el Reclusorio Sur, nos veíamos a diario.

Llegué al departamento del yerno de Otilio, salió la mamá y le dije que urgían doscientos pesos para que llevaran al reclusorio al señor Vidal, que ya lo traían en la camioneta los judiciales, ella inmediatamente me los entregó; la invité por si quería confirmarlo, me dijo que ella confiaba en mí, que disculpara a su hijo por haberme demandado.

—No se preocupe —le contesté.

Al día siguiente los dos abogados pasaron por mí en su automóvil. En el camino trataron de indagar si yo les había cobrado a los familiares por ir al reclusorio a otorgar el perdón al señor Vidal el día de hoy.

—No sabía que había que cobrarles —respondí.

—La obligación de ellos es venir por usted en su coche o en taxi, además de pagarle por lo menos cinco mil pesos.

—¿Quién les informó a ellos? —pregunté.

Evadieron mi pregunta y me empezaron a cuestionar desde cuándo éramos amigas la abogada Licona y yo. Llegamos al reclusorio, había muchísima gente, aproximadamente cincuenta personas, uno de los abogados subió al primer nivel con el ministerio público para anunciar nuestra asistencia.

De entre la multitud salió un hombre joven, alto, delgado; con un sombrero tapándole la frente y parte de los ojos, y con un arma de fuego en su mano derecha, sus amenazas llamaron la atención de todos, pero vi que se dirigía rápidamente hacia mí gritando:

—¡Ahora sí, maldita vieja, se la va a llevar la chingada! Por su culpa está aquí mi abuelito.

El abogado Eleazar le gritó al abogado Marco Antonio, que ya estaba asomándose en el piso de arriba, igual que otras personas al escuchar los gritos y las voces de la gente que tenía rodeado a este muchacho.

—¡Dile al ministerio público que nos vamos a llevar a la señora Yolanda, por su seguridad, la están amenazando de muerte!

El abogado bajó corriendo y los dos me tomaron por los brazos, corrimos hacia el coche, nos subimos rápidamente; al tratar de iniciar la marcha ya estábamos rodeados, por todas las ventanillas estaban las cabezas pegadas. Yo viajaba en el asiento trasero. El copiloto decía:

—¡Avanza, avanza!

—¡No!, porque puedo lastimarlos.

Yo no había visto a las señoras que se asomaban por las ventanillas traseras, eran tantas las voces que no se entendía lo que decían, observando mejor de un lado y del otro, eran señoras grandes de edad con lágrimas en los ojos, entonces me recorrí hacia una de las ventanillas dónde estaba la señora que lucía más grande de edad, bajé un poco el vidrio, contra la voluntad de los abogados, arrimé el oído y escuché la voz de esta mujer que me decía:

—Por favor, señorita, escúcheme un momento.

—Los abogados insistían en que subiera bien el vidrio.

Les dije:

—Voy a bajar, quiere hablar conmigo.

—No lo haga, eso es muy peligroso, ¡nos pueden linchar!

—Voy a bajar yo sola, no va a pasar nada.

—No la vamos a dejar sola, espere a que bajemos y le abramos la puerta.

Le dije a la señora:

—Dígales a todos que se retiren del coche, vamos a bajar.

Apenas retrocedieron lo suficiente para abrir las puertas y todos guardaron silencio. La señora con la que inicié la comunicación, ya me había agarrado una mano con sus dos manos, en un tono suplicante me pidió que les diera un plazo para pagar, que a su papá le acababan de poner un marcapasos en el corazón y estaba muy débil.

—El señor Vidal tuvo más de un año para pagar, me provocó muchos problemas: pérdida de tiempo, gastos y, por si fuera poco, una demanda.

Uno de los abogados levantó la voz:

—Vamos a subir con el Ministerio Público, y él, bueno ella, que decida, es una abogada.

La Ministerio Público les dio de plazo hasta media hora antes de que terminara su turno de trabajo de ese día.

—Al fin que entre todos los que vienen sí lo reúnen, son cuarenta o cincuenta personas, ¿verdad?, asintió con la cabeza la mujer y algunos otros de su familia.

—Está bien licenciada, orita (sic) regresamos.

Cuando todos salieron; la M.P. les dijo a los abogados:

—Es seguro que hoy pagan todo.

Aproveché para decirle que el señor Vidal ya me había pagado tres mil pesos y me regresó el recibo con el que demostraba ese pago, y ahí lo llevaba; uno de los abogados me dijo:

—Nadie la obliga a presentarlo, además de que no fueron por usted para traerla a otorgar el perdón, y no le pagaron los cinco mil pesos, que es lo que regularmente pagan.

—Usted decide qué quiere hacer, pero necesito saberlo antes de la audiencia —me dijo la M.P.

—Voy a presentar el recibo, abogada.

Cuando regresaron los familiares, se abrió una pequeña ventana metálica, tras la que apareció una reja también de fierro; minutos después la cara del señor Vidal; lucía demacrado, pálido y se veía muy cansado.

Al mirarlo, le di gracias a Dios por haberme dado el valor de escuchar a sus familiares, me tranquilizó pensar que se iría a su casa con su familia ese mismo día. La M.P. empezó la audiencia, les permitió que estuvieran presentes los familiares que cupieran en el lugar. Cuando ella mencionó la cantidad a pagar, el señor Vidal hizo un gran esfuerzo para llamar la atención:

—¡Licenciada, licenciada! —todos lo volteamos a ver.

Le contestó la M.P.:

—¡Sí, diga!

—Es que yo ya le pagué tres mil pesos a la señora Yolanda.

—¿Tiene su recibo?

—Se lo regresé.

La M.P. tomó el recibo con dos dedos y se lo mostró: *"agradézcale que lo presentó, no era su obligación."* Así continuó la audiencia, después de que le entregaron el dinero y se llevaron a cabo las firmas, la M.P. le pidió a toda la familia que saliera, el señor Vidal desapareció y la ventanita se cerró.

La M.P. pidió que me acercara a ella para que me entregara el dinero, lo contara y le firmara; los abogados arrimaron sus sillas y subieron las manos al escritorio de la abogada, esperando a que les entregara dicha suma. Ella me dijo:

—Yo le voy a entregar el dinero a usted, si usted quiere que ellos se lo lleven, ya es bajo su responsabilidad, al escuchar esta aclaración, bajaron las manos. Tomé el dinero, lo guardé en mi desgastado bolso de mano y nos despedimos.

Los abogados se adelantaron dos pasos de mí, los noté molestos. Al intentar bajar las escaleras se quedaron parados, la escalera estaba ocupada por los familiares del señor Vidal; los abogados me cedieron el paso. El espacio para bajar las escaleras era muy reducido, tenía que pasar en medio de las dos filas de los familiares del detenido, no sabía que pasaría. Cuando di el primer paso, me tomaron ambas manos y no recuerdo si fueron primero agradecimientos, bendiciones o besos, la cosa es que a lo largo de la escalera se combinaron tres muestras de afecto con estas bellas palabras: "Gracias, Dios la bendiga, gracias."

Cuando terminamos de bajar las escaleras, los abogados, sonriendo, me dijeron:

—¡Todo salió bien!

—¿Por qué me echaron por delante para bajar las escaleras?

Uno de ellos me contestó:

—No se queje, le fue bien.

Una vez en el coche, me dijeron que para mayor seguridad les diera el dinero a ellos, que llegando a mi casa me lo regresaban, les contesté:

—¡Nooooo! Ya vieron cómo me fue para que me lo regresara el señor Vidal —nos provocó risa.

Guardaron silencio por un rato, hasta que uno de ellos me dijo:

—No le vamos a cobrar nuestros honorarios, nada más nos da tres mil pesos para los dos; ya ve usted, la protegimos en todo momento, bueno, hasta le salvamos la vida, ya ve que la encañonaron y en ningún momento la dejamos sola y nos vamos a ir hasta que la dejemos segura en su casa.

—La licenciada Licona me dijo que no me iban a cobrar nada y yo no tengo dinero.

—De lo que le dieron, tres mil son de usted, no le estamos cobrando lo que normalmente cobramos.

—Está bien, en cuanto lleguemos a la casa les pago —entraron conmigo, saqué el dinero y les di los tres mil pesos.

Para ese tiempo yo ya tenía línea telefónica, le empecé a llamar a todos para que fueran a recoger su dinero, la mayoría llegaron inmediatamente y se empezaron a formar, la abogada quedó de pasar al día siguiente; dijo, *sirve que le pide a su vecino, el del establo, que me aparte leche*.

Al día siguiente, sábado, llegó la abogada Licona, muy temprano, con su bote para la leche; no entró, yo salí con el mío y nos fuimos platicando.

—¡Que padre que terminó el problema!, ahorita no me comente nada, mejor me invita un cafecito en su casa y nos sentamos para que me cuente todo, con lujo de detalle.

Empecé desde que llegó el agente judicial, ella dijo *"con lujo de detalle"*, y así se lo fui contando, cuando llegué al momento de bajar las escaleras, su gesto se tornó molesto, me preguntó:

—¡No me diga que la pusieron como escudo!

—Ándele, así me sentí.

Pero cuando le dije que me pidieron tres mil pesos y les tuve que dar lo que me correspondía, aparte de su gesto molesto, se puso colorada, furiosa.

—Si me lo estuviera diciendo otra persona no lo creería, pero ahora me va a conocer ese par, van a perder más por lo menos, porque les estoy ayudando con un caso muy fuerte, así como les he ayudado con otros, pero se les acabó, ¿sabe una cosa señora Yolanda?, nunca les he cobrado ni un centavo; les dejé muy claro que usted no iba a darles absolutamente nada. Ya se me hace tarde, estamos en comunicación, ciao.

El viernes por la noche me llamó para decirme que otra vez avisara en el establo que le apartaran leche y yo preparara el cafecito. Otra vez pasó por mí para que fuéramos por la leche y dijo:

—Ahora soy yo la que le va a contar "con lujo de detalle".

Cuando llegamos a la casa me platicó cómo llegaron los abogados jubilosos y triunfantes a su juzgado porque todo había salido bien, ellos omitieron el detalle de la escalera y el cobro que me hicieron de los tres mil pesos, entonces les preguntó:

—¿Por qué echaron a la señora Yolanda por delante en las escaleras?

Antes de que pudieran reaccionar a la pregunta, vino el reclamo:

—¡Aparte le cobraron tres mil pesos!

Nunca les había dado ese trato, les dijo que la disculparan, que tenía mucho trabajo, con la mirada le hizo la señal a una abogada de su juzgado para que los acompañara a la puerta, eso era algo que ella hacía cuando yo iba, me acompaña a la salida y me despedía de beso en la mejilla.

El domingo los dos abogados se presentaron en mi casa; me ofrecieron disculpas y me llevaron los tres mil pesos, me pidieron que por favor le hablara bien de ellos a la abogada, no les recibí el dinero y les dije que cada uno hablamos de nosotros mismos con nuestros actos.

Otro intento desesperado por conseguir un pedazo de tierra, sin éxito, fue cuando el licenciado Miguel Ángel Piedra, quien era el encargado del módulo de la D.G.R.T. contaba con todos los planos de la colonia; me ofreció un terreno que no tenía asignación, una de las líderes que nos coordinaba a algunos presidentes de seccionales se enteró y le pidió que se lo entregara a ella, y él se disculpó conmigo; después me ofreció un remanente, para esto yo ya estaba en una tanda, me preguntó cuánto le podía reunir en un mes, mi tanda era de seis mil quinientos pesos, el licenciado los recibió, me llevó a conocer ese remanente y me trajo a las vueltas con pretextos y engaños; nunca me regresó ese dinero reunido con tanto trabajo ni me entregó tal remanente de terreno.

En cuanto se empezaron a formar los paquetes para escriturar les pedí a todos mis vecinos sus documentos para ingresarlos a trámite para escrituración; nos empezaron a citar para hacer el pago del terreno al gobierno. Juan González, el vecino que tanto lloraba suplicando ayuda, en cuanto firmó y pagó su escritura me dejó de hablar, tal vez temiendo que le fuera a cobrar los cinco mil pesos que siempre me ofrecía.

Mientras continuaba el juicio de desalojo, salió la copia certificada de mi escritura, el licenciado Miguel Ángel Piedra me llamó a la semana siguiente para comentarme que, el abogado que andaba tratando de recuperar los terrenos, le llevó la orden de desalojo para Eduardo y, por supuesto, él le dijo que no conocía a ese señor y le mostró la copia de mi escritura certificada. Ya no pudo hacer nada la sucesión; desde que evitamos el desalojo de Martín, ya no tenían ninguna posibilidad de hacer otro.

CAPÍTULO 15

DESPUÉS DE CINCO AÑOS, EL "MILAGRO" SUCEDIÓ

No recuerdo haber sentido tanta felicidad de estar en el Zócalo. Por fin llegó el gran día en la Notaría Número 5, ubicada en la calle Palma, en pleno Centro Histórico de la Ciudad de México; hoy es el milagro, día en que estaré en la calle de Palma recibiendo mi ESCRITURA PÚBLICA de la casa de mis hijos, aún sin terminar, pero ya propia. Nunca imaginé regresar a este lugar a recibir el documento jurídico que tantos abogados juraron y me aseguraron que sería imposible de conseguir y, un milagro, en caso de lograrlo. Ese milagro está sucediendo hoy, gracias a todos los Ángeles que Dios puso en mi camino.

Por años recorrí estas calles y estuve aquí en el Zócalo bajo el quemante rayo del sol, en marchas de protesta, mítines, reuniones de trabajo con autoridades gubernamentales, sufriendo de miedo, angustia, hambre, sed, cansancio, humillaciones, burlas y un fuerte sentimiento de culpa por dejar a mis hijos solos.

No todos los intentos que hice fueron fallidos, la meta era salvar mi casa y se cumplió; ya me pensioné con treinta años de servicio y le dejé la plaza a mi hijo Eduardo. Alternando el trabajo en el gobierno, inicié el negocio de bienes raíces; actualmente a eso nos dedicamos mi marido y yo. Aprendí mucho y soy más fuerte y segura.

Vivo con la culpa de haberles quitado todo ese tiempo a mis hijos Eloísa, Eduardo, Efrén y a mí misma, sería una madre más apapachada y apapachadora, porque cuando no calentaste el nido, tampoco puedes exigir que se acurruquen en él. Amo y admiro a mi hija y a mis dos hijos.

Con mucho gusto les comparto esta bella reseña que me regaló por WhatsApp la Lic. Luz Viviana del Ángel Mendoza, quien encabeza mi lista de Ángeles.

Yoli, su relato me atrapa desde el primer momento, sus vivencias logran que tome conciencia de lo difícil que es, para la mayoría, lograr la seguridad de la familia.

¡Hay mujeres que no pueden darse tiempo para llorar porque en el actuar les va la vida de sus seres queridos y yo tuve la fortuna y el privilegio de conocerla a usted, una gran luchadora!

Su libro es una lectura obligada, porque todos tendríamos que preguntarnos qué tanto hicieron nuestros padres para proporcionarnos techo, comida, educación y algunos beneficios más.

La mayoría crecemos asumiendo que merecemos cada bendición que recibimos y no pensamos que para ello alguien trabajó, se cansó, se peleó, se angustió, tuvo miedo, recibió burlas, insultos o abusos y, aun así, resistió.

Gracias por "Llora después", este libro nos hace valorar a nuestros padres que lograron tener fuerza y coraje y todavía nos regalaron sus sonrisas.

Ya espero con gusto a su segundo hijo de papel 📖

Y como no puedo soslayar mis matices feministas, es necesario para mi decir que, si un padre no debe pedir perdón por ir a buscar el alimento para sus hijos, tampoco una madre debería pedir perdón por buscar y asegurar un techo para la familia.

Querida Yoli, mi respeto, admiración y amistad por siempre, y le agradezco con el corazón el concepto en el que me tiene.

Dios la bendiga a usted y a sus seres queridos

MI AGRADECIMIENTO ETERNO PARA ESTOS ÁNGELES QUE DIOS PUSO EN MI CAMINO.

Lic. Luz Viviana Del Ángel Mendoza.

Arq. María de los Ángeles Leal Guerrero.

Lic. Miguel Ángel Piedra.

Juez Irene Isabel Licona Vargas.

María de la Luz Hidalgo Mondragón.

Marina Medel Ruíz.

T.S. Maricela Becerril Gómez.

Sylvia Mejía Mancera.

Rosa Helena Ríos León y Vélez.

Ing. Isaías Rosas Vallejo.

Este libro se terminó en agosto de 2022 para su publicación en Amazon versión Kindle y libro pasta blanda.

Todos los derechos reservados.

Made in the USA
Columbia, SC
12 April 2024

cae5bb50-4fd1-4b74-b4c9-fec336279bd0R01